（第2版）

标准韩国语

同步练习册

第一册

编著/尹敬爱　权赫哲

图书在版编目(CIP)数据

《标准韩国语》同步练习册. 第一册/尹敬爱，权赫哲编著. —2 版. —南京：东南大学出版社，2012. 9
ISBN 978 - 7 - 5641 - 3758 - 8

Ⅰ. ①标… Ⅱ. ①尹…②权… Ⅲ. ①朝鲜语—习题集 Ⅳ. ①H55 - 44

中国版本图书馆CIP数据核字(2012)第215550号

标准韩国语同步练习册 · 第一册(第 2 版)

编 著	尹敬爱 权赫哲	**责任编辑**	刘 坚
电 话	(025)83793329/83362442(传真)	**电子邮箱**	liu-jian@seupress. com
出版发行	东南大学出版社	**出 版 人**	江建中
地 址	南京市四牌楼 2 号	**邮 编**	210096
销售电话	(025)83793191/83794561/83794174/83794121/83795801/83792174 83795802/57711295(传真)		
网 址	http://www. seupress. com	**电子邮箱**	press@seupress. com
经 销	全国各地新华书店	**印 刷**	南京玉河印刷厂
开 本	787mm×1092mm 1/16 **印 张** 12. 5	**字 数**	250 千字
版 次	2012 年 9 月第 2 版		
印 次	2012 年 9 月第 1 次印刷		
书 号	ISBN 978 - 7 - 5641 - 3758 - 8		
定 价	25. 00 元		

东南大学出版社
SOUTHEAST UNIVERSITY PRESS

再版前言

自本书上市以来，得到了广大读者的认可和好评，为了满足读者的需要，更好地与教学大纲和韩国语能力测试考纲相结合，故对本书进行了修订。

本书是以韩国语初级读者为对象编写的综合练习题集。编写了“阅读理解”“口语”“写作”“翻译”等专题的练习题，旨在培养和提高读者说、读、写、译的综合能力。

每课内容由“巩固练习”“提高练习”和“补充单词”三大部分构成：

“巩固练习”附有选词填空、完成句子、完成对话、回答问题、变换句式、中韩互译等多种形式的练习题，使读者能够更好地分辨词义，正确地使用词汇，熟练地运用语法知识，加深对知识点的理解。而且在每个语法项目前都附加了词性标志，以避免读者犯连接法上的错误。

“提高练习”在“巩固练习”的基础上略微增加了难度，并附有语法综合练习、语法项目替换练习、阅读理解、模仿范文练习会话、根据自己的实际情况回答问题等多种形式的练习题，使读者在不知不觉间进一步提高了自己的水平。

如果说“巩固练习”注重单项训练，那么“提高练习”则侧重于综合交叉训练。

“补充单词”对各种练习题中出现的韩国语能力测试中的高频词汇给予了整理，进一步扩充了读者的词汇量。

以上各部分练习及单元测试题的题型，基本上与韩国语能力测试接轨，为读者的备考打下了基础。

本书适合使用《标准韩国语》等各类韩语教材的学习者作为提高课文理解和运用能力、强化语言能力的参考用书！

本书在编写过程中得到了卑琳、王奇、王红、杨丹、于晓璐、张晓燕、刘佳、邱枫、刘灵、王坤、王赫男等人的帮助，在此深表感谢！

因编写得比较仓促，加之编者水平有限，书中难免有不足之处，恳请各位专家、学者及广大读者批评指正。

编者

2008年9月

符号说明

符号	英语	汉语	韩国语
N	Noun	名词	명사
V	Verb	动词	동사
A	Adjective	形容词	형용사
S	Sentence	句子	문장

目 录

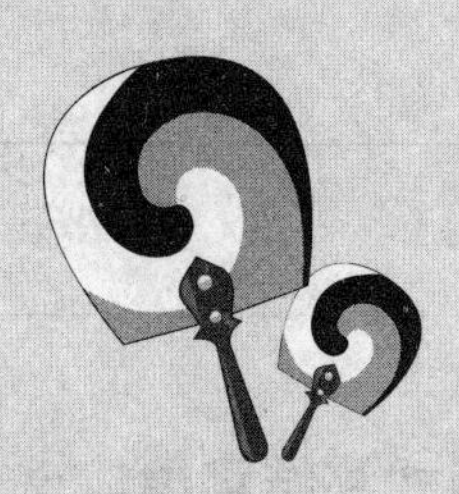

제13과

语法要点

A/V -ㅂ/-습니다
A/V -ㅂ/-습니까?
N -이다
N -는/-은

巩固练习

1 仿照例句，在下列单词后面加上陈述式终结词尾。

보기: 학생 ⇒ 학생입니다.　　공부 ⇒ 공부합니다.

1) 고향 ⇒______________________________

2) 선생님 ⇒______________________________

3) 남자 ⇒______________________________

4) 아버지 ⇒______________________________

5) 마시다 ⇒______________________________

6) 재미있다 ⇒______________________________

7) 먹다 ⇒______________________________

8) 회사에 다니다 ⇒____________________

9) 듣다 ⇒____________________

10) 좋다 ⇒____________________

2 仿照例句，在下列单词后面加上疑问式终结词尾。

보기: 남자 ⇒ 남자입니까?　가다 ⇒ 갑니까?

1) 신문 ⇒____________________

2) 한국사람 ⇒____________________

3) 고등학교 ⇒____________________

4) 읽다 ⇒____________________

5) 공부하다 ⇒____________________

6) 회사에 다니다 ⇒____________________

7) 괜찮다 ⇒____________________

8) 넓다 ⇒____________________

9) 카메라 ⇒____________________

10) 부르다 ⇒____________________

3 仿照例句，完成对话。

보기: 가: 학생입니까?
나: 네, 학생입니다.

1) 가: 회사에 다닙니까?
나: 네,____________________

2) 가: 서울대학교입니까?
나: 아닙니다.______________________________

3) 가: 북경대학 학생입니까?
나: 네,______________________________

4) 가: 우리 선생님입니까?
나: 네,______________________________

5) 가: 전공은 경영학입니까?
나: 아닙니다.______________________________

6) 가: 신문을 봅니까?
나: 아니오.______________________________

7) 가: 과일을 먹습니까?
나: 아니오.______________________________

8) 가: 서울대학교 선생입니까?
나: 아닙니다.______________________________

9) 가: 한국어 공부는 재미있습니까?
나: 네,______________________________

10) 가: 왕룡 씨는 북경대학 학생입니까?
나: 아니오,______________________________

4 在括号里填上适当的助词。

1) 우리(　　) 학생입니다.

2) 아버지(　　) 교수입니다.

3) 문수 씨(　　) 학교에 다닙니다.

4) 형(　　) 경영학을 공부합니다.

5) 세민(　　) 한국사람입니다.

6) 전공(　　) 무엇입니까?

7) 문수 씨의 국적(　　) 어디입니까?

8) 왕동 씨의 고향(　　) 상하이입니다.

5 改错。

1) 나은 중국사람입니다.

____

2) 수미 씨는 학생습니까?

____

3) 저는 신문을 보습니다.

____

4) 아버지는 회사에 다니습니다.

____

5) 나의 전공는 한국어 있습니다.

____

6) 우리 선생님은 여자입니다.

____

7) 안녕하십니까? 만나서 반갑니다.

____

6 翻译下列句子。

1) 我们是汉城大学的学生。

____

2) 哥哥在公司工作。

____

3) 我的国籍是中国。

____

4) 报纸有意思。

____

5) 你好！见到你很高兴，我叫王东。

____

6) 你的故乡是北京吗？

____

7) 我们的老师是女老师吗？

____

8) 你的生日是什么时候？

____

提高练习

1 仿照例句，完成对话。

보기： 가: 무엇입니까? (신문)
나: 신문입니다.

1) 가: 무엇입니까? (책)
나:______________________________

2) 가: 무엇입니까? (사과)
나:______________________________

3) 가: 누구입니까? (선생님)
나:______________________________

4) 가: 누구입니까? (동생)
나:______________________________

5) 가: 어느 나라 사람입니까? (한국사람)
나:______________________________

6) 가: 어느 나라 사람입니까? (중국사람)
나:______________________________

2 仿照例句，进行练习。

보기： 가: 한국사람입니까? (중국사람)
나: 네, 한국사람입니다.
아닙니다. 중국사람입니다.

1) 가: 학생입니까? (선생)

나: 네, ____________________
　　아닙니다. ____________________

2) 가: 전공은 한국사입니까? (경영학)
　나: 네, ____________________
　　아닙니다. ____________________

3) 가: 선생은 남자입니까? (여자)
　나: 네, ____________________
　　아닙니다. ____________________

4) 가: 아버지입니까? (형)
　나: 네, ____________________
　　아닙니다. ____________________

5) 가: 친구입니까? (동생)
　나: 네, ____________________
　　아닙니다. ____________________

6) 가: 학교입니까? (기숙사)
　나: 네, ____________________
　　아닙니다. ____________________

7) 가: 사과입니까? (배)
　나: 네, ____________________
　　아닙니다. ____________________

3 仿照例句，进行练习。

보기: (왕룡 / 중국사람)
안녕하세요? 저는 왕룡입니다.
중국사람입니다. 만나서 반갑습니다.

1) 김수미 / 한국사람

2) 야마다 / 일본사람

3) 마이클 / 미국사람

4) 앤디 / 영국사람

5) 팜티 / 베트남사람

4 介绍朋友。

이름	영민	왕파	마이클	다나카
국가	한국	중국	미국	일본
고향	서울	베이징	뉴욕	도쿄
직업	학생	회사원	선생	유학생

5 阅读并回答问题。

내 친구 다나카는 일본사람입니다. 서울대학교 유학생입니다. 김민수 선생은 다나카 씨의 한국어 선생입니다.

1) 다나카는 어느 나라 사람입니까?

____

2) 다나카는 학생입니까?

____

补充单词

카메라（名）照相机	넓다（形）宽，广
괜찮다（形）不错，还可以	부르다（他）唱，叫
사과（名）苹果	과일（名）水果
교수（名）教授	친구（名）朋友
책（名）书	배（名）梨
동생（名）弟弟	어느（代）哪个
미국（名）美国	기숙사（名）宿舍
베트남（名）越南	영국（名）英国
나라（名）国家	직업（名）职业
유학생（名）留学生	회사원（名）职员
서울（名）首尔	베이징（名）北京
상하이（名）上海	뉴욕（名）纽约
일본（名）日本	도쿄（名）东京

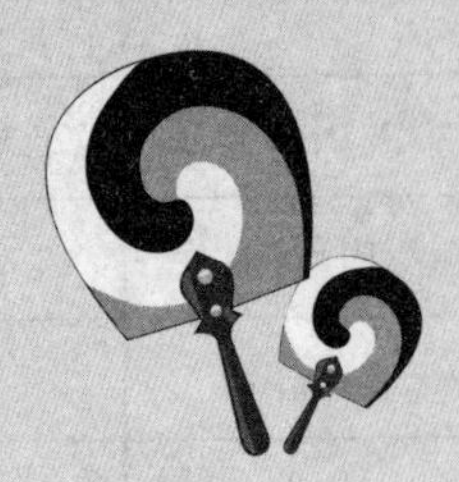

제14과

语法要点

N -를/-을
N -에 가다
N -에서
V -ㅂ시다/-읍시다
V -십시오/-으십시오
V -세요/-으세요

巩固练习

1 仿照例句，完成句子。

보기: 학생, 책, 읽다 ⇒ 학생은 책을 봅니다.

1) 아버지, 신문, 보다 ⇒______________________

2) 나, 사과, 사다 ⇒______________________

3) 우리, 공부하다, 한국어 ⇒______________________

4) 학생, 선생님, 만나다 ⇒______________________

5) 음악, 형, 듣다 ⇒______________________

6) 먹다, 동생, 과자 ⇒______________________

7) 다방, 친구, 만나다 ⇒______________________

8) 하다, 질문, 선생님 ⇒______________________

9) 어머니, 커피, 마시다 ⇒____________________

10) 친구, 교실, 책, 보다 ⇒____________________

2 选择适当的词填在括号里。

1) 나는 (　　)를 공부합니다.
① 신문　② 식사　③ 한국어　④ 친구

2) 아버지는 (　　)을 봅니다.
① 음악　② 신문　③ 불고기　④ 식당

3) 친구는 (　　)에서 책을 빌립니다.
① 시장　② 도서관　③ 우체국　④ 다방

4) 우리는 다방에서 차를 (　　).
① 먹습니다　② 봅니다　③ 마십니다　④ 삽니다

5) 수미 씨는 우체국에서 편지를 (　　).
① 보냅니다　② 삽니다　③ 합니다　④ 기다립니다

6) 이세민은 사과를 (　　) 좋아합니다.
① 아주　② 잠깐　③ 자주　④ 잘

7) 선생님, (　　)에 가십니까?
① 무엇　② 무슨　③ 어디　④ 어느

8) 수미 씨, (　　)만 기다리십시오.
① 자주　② 무슨　③ 잠깐　④ 어디

9) 한국어 공부는 (　　) 재미있습니다.
① 지금　② 아주　③ 잠깐　④ 무슨

10) 우리는 식당에서 (　　)을 먹습니다.
① 차　② 커피　③ 밥　④ 물

3 选择适当的助词填空。

1) 나(　　) 북경대학 학생입니다.
① 은　② 는　③ 을　④ 를

2) 선생님( ) 한국사람입니다.
① 은 ② 는 ③ 에 ④ 를

3) 나는 사과( ) 먹습니다.
① 을 ② 는 ③ 에 ④ 를

4) 친구는 도서관( ) 책을 봅니다.
① 에 ② 에서 ③ 을 ④ 은

5) 어머니는 시장( ) 갑니다.
① 이 ② 에서 ③ 에 ④ 은

6) 할아버지는 방에서 신문( ) 읽습니다.
① 을 ② 는 ③ 은 ④ 를

7) 문수 씨는 어디( ) 책을 삽니까?
① 을 ② 은 ③ 에 ④ 에서

8) 우리는 극장에서 영화( ) 봅니다.
① 에 ② 은 ③ 를 ④ 에서

4 选择适当的助词填在括号里。

-는, -은, -를, -을, -에, -에서

1) 우리는 한국어( ) 배웁니다.

2) 친구들은 다방( ) 갑니다.

3) 나는 학교( ) 선생님을 만납니다.

4) 형은 베이징대학( ) 경영학( ) 공부합니다.

5) 동생은 한국요리( ) 좋아합니다.

6) 우리는 교실( ) 한국어( ) 배웁니다.

7) 왕동 씨( ) 학교( ) 무엇( ) 배웁니까?

8) 나의 아버지는 회사( ) 일( ) 합니다.

5 仿照例句，完成对话。

보기: 가: 무엇을 좋아합니까?
나: 배를 좋아합니다.

1) 가: 수미 씨는 무슨 요리를 좋아합니까?
나:____________________(한국요리)

2) 가: 영미 씨, 요즘 무엇을 합니까?
나:____________________(중국어 공부)

3) 가: 무엇을 마십니까?
나:____________________(차)

4) 가: 아버지는 무엇을 봅니까?
나:____________________(신문)

5) 가: 어머니는 무엇을 삽니까?
나:____________________(사과)

6) 가: 동생은 지금 무엇을 합니까?
나:____________________(자다)

7) 가: 문수 씨는 대학교에서 무엇을 배웁니까?
나:____________________(한국어)

6 仿照例句，完成对话。

보기: 가: 어디에서 공부를 합니까?
나: 학교에서 공부를 합니다.

1) 가: 문수 씨는 어디에서 책을 봅니까?
나:____________________(도서관)

2) 가: 어디에서 편지를 보냅니까?
나:____________________(우체국)

3) 가: 어디에서 밥을 먹습니까?
나:____________________(학교식당)

4) 가: 어디에서 돈을 찾습니까?
나:______________________________(은행)

5) 가: 친구는 어디에서 기다립니까?
나:______________________________(학교)

6) 가: 어디에서 운동을 합니까?
나:______________________________(운동장)

7) 가: 어디에서 볼펜과 노트를 삽니까?
나:______________________________(문방구점)

7 仿照例句，完成对话。

보기: 가: 사과를 삽니다.
나: 가게에 가십시오.(가세요)

1) 가: 공부를 합니다.
나:______________________________(학교)

2) 가: 영화를 봅니다.
나:______________________________(극장)

3) 가: 여행을 합니다.
나:______________________________(베이징)

4) 가: 한국요리를 먹습니다.
나:______________________________(한국 식당)

5) 가: 약을 삽니다.
나:______________________________(약국)

8 改错。

1) 나는 음악를 듣습니다.
____

2) 친구는 도서관에서 갑니다.
____

3) 우리은 우체국에 갑니다.

4) 동생은 소설를 읽습니다.

5) 오늘 누구를 만나습니까?

6) 불고기를 아주 맛있습니다.

7) 형은 우체국에 편지를 보냅니다.

8) 학생은 교실에 공부를 합니다.

9) 동생은 집에서 텔레비전를 봅니다.

9 翻译下列句子。

1) 爸爸在家看报纸。

2) 一起去邮局吧。

3) 请给我饼干。

4) 弟弟最近在干什么?

5) 朋友在图书馆借书。

6) 请等我一会儿。

7) 一起去图书馆吧!

____

提高练习

1 仿照例句，完成对话。

보기 : 가: 무엇을 합니까? (신문 / 보다)
나: 신문을 봅니다.

1) 가: 무엇을 합니까? (책 / 읽다)
나: ______________________________

2) 가: 무엇을 합니까? (사과 / 먹다)
나: ______________________________

3) 가: 무엇을 합니까? (선생님 / 만나다)
나: ______________________________

4) 가: 무엇을 합니까? (영화 / 보다)
나: ______________________________

5) 가: 무엇을 합니까? (친구 / 기다리다)
나: ______________________________

2 仿照例句， 进行对话练习。

보기 : 가: 어디에 갑니까? (학교)
나: 학교에 갑니다.
가: 무엇을 합니까? (공부 / 하다)
나: 공부를 합니다.

1) 가: 어디에 갑니까? (도서관)
나: ______________________________
가: 무엇을 합니까? (책 / 빌리다)
나: ______________________________

2) 가: 어디에 갑니까? (식당)
나: ______________________________
가: 무엇을 합니까? (밥 / 먹다)
나: ______________________________

3) 가: 어디에 갑니까? (우체국)
나:________________
가: 무엇을 합니까? (편지 / 보내다)
나:________________

4) 가: 어디에 갑니까? (은행)
나:________________
가: 무엇을 합니까? (돈 / 찾다)
나:________________

5) 가: 어디에 갑니까? (극장)
나:________________
가: 무엇을 합니까? (영화 / 보다)
나:________________

3 仿照例句, 进行练习。

보기: 왕룡 / 다방
왕룡 씨는 다방에서 차를 마십시다.

1) 김수미 / 운동장
____

2) 야마다 / 도서관
____

3) 마이클 / 학교
____

4) 왕룡 / 수영장
____

5) 김현주 / 극장
____

4 阅读并回答问题。

저는 매일 학교식당에 갑니다. 학생식당 아주머니가 아주 친절합니다. "안녕하세요?" "아, 왕룡 씨! 안녕하세요?" 오늘 메뉴는 자장면입니다. 저는 자장면을 아주 좋아합니다. "아주머니, 자장면 많이 주세요." 아주머니가 웃습니다. 학생식당 음식이 쌉니다. 맛도 있습니다. 저는 학생식당 음식을 좋아합니다.

1) 여기는 어디입니까?

____

2) 오늘 메뉴는 무엇입니까?

____

3) 이 사람은 왜 학생식당 음식을 좋아합니까?

____

5 向朋友介绍我的一周计划。

요일	장소	하는 일
월요일	학교	공부하다
화요일	서점	책을 사다
수요일	도서관	책을 빌리다
목요일	우체국	소포를 보내다
금요일	친구 집	이야기하다
토요일	극장	영화를 보다
일요일	운동장	축구를 하다

补充单词

커피（名）咖啡
식사（名）吃饭
무슨（冠）什么
방（名）房间
자다（自）睡觉
은행（名）银行
문방구점（名）文具店
노트（名）笔记本
찾다（他）找取
소설（名）小说
수영하다（他）游泳
교실（名）教室
교과서（名）教科书
어디（代）哪里
극장（名）剧场（电影院）
한국요리（名）韩国料理
운동장（名）运动场
볼펜（名）圆珠笔
돈（名）钱
공원（名）公园
수영장（名）游泳馆
매일（名）每天

아주머니（名）大嫂	메뉴（名）菜单
자장면（名）炸酱面	웃다（自）笑
음식（名）食物	싸다（形）便宜
맛있다（词组）好吃，有味道	서점（名）书店
소포（名）包裹	약방（名）药房

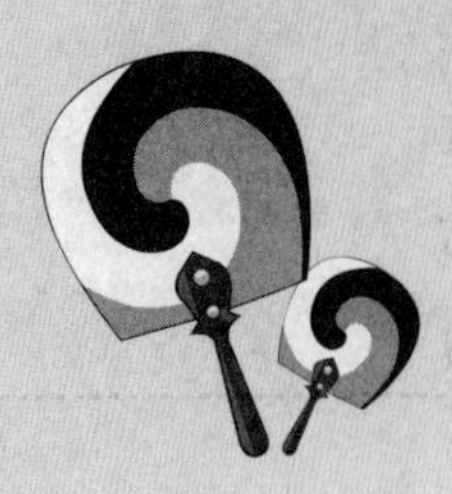

제15과

语法要点

A/V -았/-었/-였
안, A/V -지 않다
N -와/-과, N -하고
그리고
그렇지만

巩固练习

1 选择适当的词填在空格处。

1) (　　) 무엇을 했습니까?
① 지금　② 내일　③ 모레　④ 어제

2) 친구와 (　　)를 나누었습니다.
① 이야기　② 시간　③ 가방　④ 저녁

3) 밥을 (　　) 먹지 않았습니다.
① 일찍　② 아직　③ 무척　④ 지금

4) 주말에 (　　) 무엇을 합니까?
① 일찍　② 아직　③ 보통　④ 아주

5) 학교에 갔습니다. (　　) 공부를 안 했습니다.
① 그리고　② 그렇지만　③ 함께　④ 아주

6) 지금 수미 씨는 운동장에서 (　　) 운동을 합니다.

① 열심히　② 일찍　③ 보통　④ 무척

7) 철수 씨, (　) 무엇을 합니까?
① 일찍　② 요즘　③ 어제　④ 아주

8) 민우 씨, 내일 (　) 운동을 합시다.
① 자주　② 요즘　③ 같이　④ 잘

9) 수미 씨, 내일 도서관에 (　)하고 갑니까?
① 어디　② 언제　③ 누구　④ 무엇

10) 왕동 씨의 집은 (　)에 있습니까?
① 어느　② 언제　③ 어디　④ 무엇

2 选择适当的助词填在空格处。

1) 어제는 날씨가 좋(　)습니다.
① 었　② 았　③ 였　④ 겠

2) 아버지는 전에 선생님(　).
① 이었습니다　② 이았습니다　③ 이였습니다　④ 이겠습니다

3) 어제 누나(　) 같이 영화를 보았습니다.
① 는　② 과　③ 와　④ 은

4) 개를 좋아합니다. 그렇지만 고양이는 (　) 좋아합니다.
① 아주　② 무척　③ 안　④ 함께

5) 누구(　) 이야기를 했습니까?
① 는　② 하고　③ 를　④ 은

6) 나는 가게에서 과일(　) 과자를 샀습니다.
① 와　② 는　③ 하고　④ 은

7) 친구는 우체국에서 편지를 보내(　)습니다.
① 겠　② 았　③ 였　④ 었

3 仿照例句，完成句子。

보기: 어제, 학교, 가다 ⇒ 어제 학교에 갔습니다.

1) 주말, 아주, 바쁘다 ⇒____________________

2) 친구, 같이, 여행 가다 ⇒____________________

3) 일요일, 집, 청소하다 ⇒____________________

4) 언니, 한국노래, 하다 ⇒____________________

5) 누나, 초등 학교, 선생 ⇒____________________

6) 커피, 영민 씨, 마시다, 다방 ⇒____________________

7) 보다, 형, 극장, 영화 ⇒____________________

8) 혼자, 어제, 청소하다, 집 ⇒____________________

4 仿照例句，完成对话。

> 보기: 가: 어제 학교에 갔습니까?
> 나: 네, 학교에 갔습니다.

1) 가: 어제 무엇을 했습니까?
나:____________________

2) 가: 언제 그 친구를 만났습니까?
나:____________________

3) 가: 오늘 아침에 무엇을 먹었습니까?
나:____________________

4) 가: 사전을 가지고 왔습니까?
나: 네,____________________

5) 가: 오늘 아침을 먹었습니까?
나: 아니오,____________________

6) 가: 수미 씨 어제 일찍 일어났습니까?
나: 네,____________________

7) 가: 문수 씨는 백화점에서 무엇을 샀습니까?
나:____________________

5 仿照例句，完成对话。

보기: 가: 무엇을 봅니까? (신문 / 책)
나: 신문과 책을 봅니다.

1) 가: 수미 씨, 시장에서 무엇을 샀습니까?
나:__________________________(사과 / 배)

2) 가: 영민 씨, 무엇을 배웁니까?
나:__________________________(한국어 / 영어)

3) 가: 보통 누구와 같이 영화를 봅니까?
나:__________________________(친구)

4) 가: 집에 무슨 동물이 있습니까?
나:__________________________(개 / 고양이)

5) 가: 지금 집에 누가 있습니까?
나:__________________________(동생 / 어머니)

6) 가: 어제 어디에 갔습니까?
나:__________________________(도서관 / 극장)

7) 가: 고양이는 무엇을 먹습니까?
나:__________________________(빵 / 우유)

6 仿照例句，完成对话。

보기: 가: 오늘 학교에 갑니까?
나: 아니오. 안 갑니다.

1) 가: 철수 씨, 오늘 바쁩니까?
나: 아니오.__________________________

2) 가: 백화점에 사람이 많습니까?
나: 아니오.__________________________

3) 가: 어제 빨래를 했습니까?
나: 아니오.__________________________

4) 가: 수철 씨, 누나 결혼을 했습니까?
   나: 아니오.____________________

5) 가: 어제 도서관에 갔습니까?
   나: 아니오.____________________

6) 가: 수미 씨 고향 날씨는 덥습니까?
   나: 아니오.____________________

7) 가: 동생은 열심히 공부합니까?
   나: 아니오.____________________

7 改错。

1) 우리는 어제 영화를 봅니다.

____

2) 수미 씨는 사과를 삽니다. 그리고 배를 샀습니다.

____

3) 나는 서점에 갔습니다. 그렇지만 책을 샀습니다.

____

4) 어제는 토요일이었습니다. 집에서 쉬었습니다.

____

5) 문수 씨는 빵과 우유를 먹읍시다.

____

6) 어머니는 슈퍼에서 과일을 샀습니다. 그렇지만 음료수를 샀습니다.

____

8 翻译下列句子。

1) 去了图书馆，还借了小说。

____

2) 我非常喜欢看电影，经常去电影院。

____

3) 午饭和晚饭在学校食堂里吃。

____

4) 昨天是周末，在家洗了衣服,还打扫了房间。

____

5) 今天来了朋友，在茶馆喝了咖啡和茶。

____

6) 我不喜欢运动，一起看电影吧!

____

7) 昨天去了学校，可是教室里没有人。

____

提高练习

1 用肯定和否定两种形式回答下列问题。

> 보기: 신문을 봅니까?
> 가: 네, 신문을 봅니다.
> 나: 아니오. 신문을 보지 않습니다.

1) 운동을 좋아합니까?
가:______________________________
나:______________________________

2) 오늘은 토요일입니까?
가:______________________________
나:______________________________

3) 아침에 우유를 마셨습니까?
가:______________________________
나:______________________________

4) 친구하고 같이 여행 갔습니까?
가:______________________________
나:______________________________

5) 사전을 가지고 왔습니까?
가:______________________________

나: ____________________

6) 선생님이 질문을 했습니까?
가: ____________________
나: ____________________

2 仿照例句，完成对话。

보기: 가: 무엇과 무엇을 먹습니까? (사과 / 배)
나: 사과와 배를 먹습니다.

1) 가: 누구와 누구를 만납니까? (친구 / 선생)
나: ____________________

2) 가: 어디와 어디를 여행합니까? (베이징 / 상하이)
나: ____________________

3) 가: 누구와 누가 있습니까? (선생 / 학생)
나: ____________________

4) 가: 무엇과 무엇을 좋아합니까? (차 / 커피)
나: ____________________

5) 가: 무엇과 무엇이 없습니까? (돈 / 시간)
나: ____________________

6) 가: 도서관에서 무엇과 무엇을 빌렸습니까? (소설 / 잡지)
나: ____________________

3 用"그렇지만"或"그리고"连接句子。

1) 많이 잤습니다. 피곤합니다.

____

2) 한국말이 어렵습니다. 재미있습니다.

____

3) 어제는 친구를 만났습니다. 오늘은 안 만납니다.

____

4) 동생은 학생입니다. 누나는 선생입니다.

____

5) 나는 커피를 마십니다. 친구는 차를 마십니다.

____

6) 왕동은 중국사람입니다. 마이클은 미국사람입니다.

____

4 秀美的朋友周末都做了什么?

이름	진영	현주	혜진	철민	영민
장소	집	수영장	백화점	도서관	운동장
한일	요리하다	수영하다	쇼핑하다	책을 보다	테니스하다

5 阅读并回答问题。

문장 1:

일요일에 친구를 만났습니다. 친구하고 같이 영화를 보았습니다. 영화가 아주 재미있었습니다. 저녁에는 친구하고 같이 한국요리 식당에서 식사를 했습니다. 아주 맛있었습니다. 그 날은 아주 즐거웠습니다.

1) 일요일에 나는 무엇을 했습니까?

____

2) 그 날은 왜 즐거웠습니까?

____

문장 2:

어제 오전에 영미 씨하고 도서관에서 공부했습니다. 오후에는 동대문 시장에 갔습니다. 거기에서 바지를 하나 샀습니다. 영미 씨는 시계를 샀습니다. 저녁에는 시장에서 라면을 먹었습니다.

1) 어제 나와 영미 씨는 무엇을 했습니까?

____

2) 시장에서 우리는 무엇을 샀습니까?

____

补充单词

모레（名）后天	주말（名）周末
일요일（名）星期天	누나（名）姐姐
초등학교（名）小学	혼자（名）独自，一个人
백화점（名）百货店	영어（名）英语
동물（名）动物	빵（名）面包
우유（名）牛奶	날씨（名）天气
쉬다（自）休息	슈퍼（名）超级市场
음료수（名）饮料	요리하다（他）做菜，料理
테니스（名）网球	잡지（名）杂志
장소（名）场所	쇼핑(을)하다（词组）购物
즐겁다（形）高兴，愉快	동대문（名）东大门
바지（名）裤子	시계（名）表，手表
라면（名）方便面	

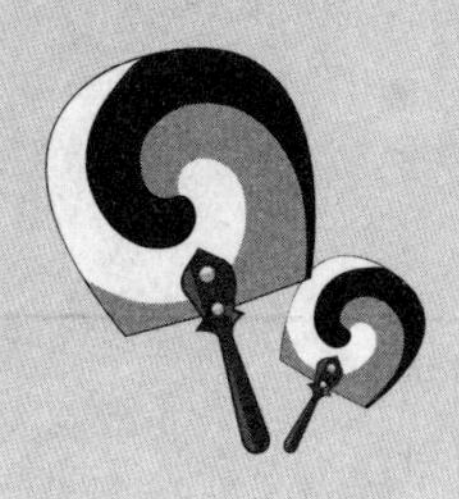

제16과

语法要点

N -가/-이, N -있다/-없다
수사(한자어, 고유어)
양사
이/그/저
N -와/-과, N -하고

巩固练习

1 选择适当的词填在空格处。

1) 이 사과는 ( )입니까?
① 무엇 ② 어느 ③ 얼마 ④ 무슨

2) 돈 ( ) 있습니다.
① 이것 ② 여기 ③ 얼마 ④ 저것

3) 우유 한 ( ) 주십시오.
① 개 ② 병 ③ 원 ④ 권

4) 어제 서점에서 책 두 ( )을 샀습니다.
① 권 ② 번 ③ 원 ④ 잔

5) 학교 문 앞에서 친구하고 사진 세 ( )을 찍었습니다.
① 잔 ② 마리 ③ 장 ④ 달

6) 어머니는 어제 시장에서 생선 네 ( )를 샀습니다.
① 마리 ② 그릇 ③ 개 ④ 명

7) 우리 집은 5(　　)에 있습니다.
① 번　　② 권　　③ 병　　④ 층

2 仿照例句，完成对话。

보기: 가: 이것은 무엇입니까?
나: 그것은 연필입니다.

1) 가: 그것은 빵입니까?
나: ____________________

2) 가: 저 배는 얼마입니까?
나: ____________________

3) 가: 저기가 교실입니까?
나: ____________________

4) 가: 저기가 수미 씨 집입니까?
나: ____________________

5) 가: 이 책은 누구의 책입니까?
나: ____________________

6) 가: 여기는 어디입니까?
나: ____________________

7) 가: 영화 "신화"는 재미있습니까?
나: ____________________

8) 가: 저 사람은 누구입니까?
나: ____________________

9) 가: 이 책이 재미있습니까?
나: ____________________

10) 가: 이 사과 맛이 있습니까?
나: ____________________

3 仿照例句，完成对话。

보기: 가: 누가 안 왔습니까?
나: 민수와 철수가 안 왔습니다.

1) 가: 손님, 음료수는 무엇을 드시겠습니까?
나: ____________________

2) 가: 도서관에 누가 갔습니까?
나: ____________________

3) 가: 시장에서 무엇을 샀습니까?
나: ____________________

4) 가: 어디에 여행 갔습니까?
나: ____________________

5) 가: 지금 교실에 누가 있습니까?
나: ____________________

6) 가: 동물원에 무슨 동물이 있습니까?
나: ____________________

4 在括号里写出数词的读音。

1) 오늘은 2005(　　　) 년 11(　　　) 월 21(　　　) 일입니다.

2) 나는 한국어를 5(　　　) 달 공부했습니다.

3) 우리 학급은 학생이 23(　　　) 명입니다.

4) 어제 친구하고 운동을 3(　　　) 시간 했습니다.

5) 지금은 12(　　　) 시 47(　　　) 분입니다.

6) 내 친구의 키는 182(　　　) 센티미터입니다.

7) 아버지의 몸무게는 69(　　　) 킬로그램입니다.

8) 한국의 인구는 4574(　　　) 만 명입니다.

5 在括号里填上适当的量词。

잔, 대, 명, 분, 켤레, 마리, 층, 달, 장, 권, 시간, 번, 시, 월

1) 교실에 선생님 한 ( )하고 학생 세 ( )이 있습니다.

2) 집에 개 세 ( )가 있습니다.

3) 어제 텔레비전을 한 ( ) 샀습니다.

4) 저는 하루에 커피를 세 ( ) 마십니다.

5) 어제 백화점에서 구두 한 ( ) 샀습니다.

6) 우리 반 교실은 사 ( )에 있습니다.

7) 어제 서점에서 책을 다섯 ( ) 샀습니다.

8) 나는 한국어를 아홉 ( ) 공부했습니다.

9) 아저씨, 극장 표 여섯 ( ) 주십시오.

10) 오늘 아침 버스를 한 ( ) 기다렸습니다.

6 仿照例句，完成句子。

보기: 어제, 학교, 가다 ⇒ 어제 학교에 갔습니다.

1) 피아노, 4, 달, 배우다
⇒ ______

2) 도서관, 빌리다, 책, 권, 3
⇒ ______

3) 볼펜, 2, 문방구점, 자루, 노트, 4, 사다, 권
⇒ ______

4) 바나나, 2, 가게, 귤, 5, 근, 사다
⇒ ______

5) 주스, 1, 병, 나, 친구, 콜라, 2, 잔, 마시다
⇒______________________________

6) 교실, 2, 한국어, 어제, 시간, 공부하다
⇒______________________________

7) 배, 2, 너무, 고프다, 먹다, 그릇, 밥
⇒______________________________

7 翻译下列句子。

1）我和姐姐在食堂吃了烤肉和拌饭。

____

2）那是什么地方？

____

3）那个人是老师的朋友。

____

4）现在是不是12点半？

____

5）我们在茶馆喝了一杯咖啡和两杯果汁。

____

6）— 那儿是博物馆吗？
— 那儿不是博物馆，是市政府。

____
____

提高练习

1 仿照例句，改换句子。

보기: 도서관이 어디입니까? ⇒ 어디가 도서관입니까?

1) 이 사람이 영수 씨입니다. ⇒______________________________

2) 저기가 공원입니까? ⇒______________________

3) 이것이 연필입니다. ⇒______________________

4) 그 분은 김 선생님입니다. ⇒______________________

5) 어디가 식당입니까? ⇒______________________

2 根据实际情况回答下列问题。

1) 생일은 언제입니까?

____

2) 키와 몸무게는 얼마입니까?

____

3) 식구는 몇 명입니까?

____

4) 학급의 친구가 몇 명입니까?

____

5) 선생님의 나이는 얼마입니까?

____

6) 바지와 구두의 값은 얼마입니까?

____

3 阅读并回答问题。

문장 1:

오늘은 동생 생일입니다. 백화점에서 동생 선물을 샀습니다. 저는 시계를 사고 싶었습니다. 그렇지만 시계는 비쌌습니다. 그래서 치마를 샀습니다. 저녁에는 생일 파티를 했습니다.

1) 이 사람은 백화점에서 무엇을 샀습니까?

____

2) 저녁에는 무엇을 했습니까?

____

문장 2:

문수 씨는 어제 동대문시장에서 부모님 선물을 샀습니다. 아버지 선물은 지갑, 어머니 선물은 인삼을 샀습니다. 그리고 민정 씨하고 같이 시장 근처 식당에 갔습니다.그 식당은 냉면이 아주 유명합니다. 문수 씨와 민정 씨는 물냉면 두 그릇을 시켰습니다. 물냉면은 아주 맛있었습니다. 냉면을 먹고 두 사람은 지하철을 탔습니다. 저녁 8시에 문수 씨의 하숙집에 도착했습니다. 문수 씨 집에서 두 사람은 커피를 마셨습니다. 맥주도 마셨습니다. 두 사람은 이야기를 많이 했습니다. 아주 재미있었습니다.

1) 문수 씨와 민정 씨는 어제 무엇을 했습니까?

____

2) 문수 씨와 민정 씨는 하숙집에서 무엇을 했습니까?

____

4 根据下列情况进行对话练习。

슈퍼마켓:	사과 한 개	7,00 원
	배 두 개	1,600 원
	우유 네 병	1,200 원
	주스 한 병	2,500 원
	빵 세 개	1,300 원

____

____

____

____

____

____

____

옷 가게:	바지 한 벌	20,000 원
	치마 한 벌	15,000 원
	티셔츠 한 장	6,000 원
	와이셔츠 한 장	8,000 원
	반바지 한 장	7,000 원

____

____

____

补充单词

동물원（名）动物园	학급（名）班级
키（名）身高	센티미터（量）厘米
몸무게（名）体重	킬로그램（量）公斤
인구（名）人口	대（量）台
켤레（量）双	구두（名）皮鞋
하루（名）一天	피아노（名）钢琴
자루（量）只	주스（名）果汁
귤（名）橘子	근（量）斤
가게（名）小商店	바나나（名）香蕉
콜라（名）可乐	고프다（形）饿
선물（名）礼物	비싸다（形）贵
치마（名）裙子	파티（名）宴会
인삼（名）人参	지갑（名）钱包
근처（名）附近	냉면（名）冷面
시키다（他）点（菜）	유명하다（形）有名
지하철（名）地铁	타다（他）乘坐
하숙집（名）寄宿房	도착하다（自）到达
맥주（名）啤酒	티셔츠（名）T恤衫
와이셔츠（名）衬衫	반바지（名）短裤
벌（量）套	박물관（名）博物馆
시청（名）市政府	연필（名）铅笔
식구（名）家口	

제17과

语法要点

시간 독법
N -에
N -부터…N -까지
N -에게
A/V -(으)ㄹ 것이다, V -(으)ㄹ 예정이다

巩固练习

1 选择适当的词填在空格处。

1) 동생은 (　　) 6시에 일어납니다.
① 밤　② 아침　③ 저녁　④ 점심

2) 우리는 도서관에서 (　　) 공부합니다.
① 얼른　② 아주　③ 깜짝　④ 열심히

3) 선생님은 우리에게 영어를 (　　).
① 배웁니다　② 공부합니다　③ 가르칩니다　④ 가르킵니다

4) 우리 학교 수업은 12시에 (　　).
① 끝납니다　② 끝냅니다　③ 시작했습니다　④ 시작됩니다

5) 백화점은 (　　) 9시에 문을 엽니다.
① 얼른　② 자주　③ 보통　④ 언제

6) 수미 씨, 주말에 무엇을 할 (　　)입니까?
① 예정　② 고민　③ 정도　④ 휴가

2 选择适当的助词填空。

1) 민정 씨는 작년 8월(　　) 왔습니다.
① 은　② 에서　③ 에　④ 는

2) 우리 학교 수업은 9시(　　) 합니다.
① 부터　② 에서　③ 에게　④ 를

3) 민우 씨, 아침 몇 시(　　) 잡니까?
① 에서　② 까지　③ 에　④ 와

4) 주말에 어머니(　　) 전화를 했습니다.
① 에　② 에게　③ 에서　④ 에도

5) 영민 씨는 내일 집에서 (　　).
① 쉬었습니다　② 쉽시다　③ 쉴 겁니다　④ 쉴까요

3 仿照例句，完成句子。

보기: 내일, 학교, 가다 ⇒ 내일 학교에 갈 겁니다. (갈 예정입니다)

1) 주말, 친구, 만나다 ⇒______

2) 저녁, 친구, 영화, 보다, 같이 ⇒______

3) 친구, 생일, 시계, 선물하다 ⇒______

4) 토요일, 머리, 미장원, 자르다 ⇒______

5) 언제, 어머니, 가다, 고향 ⇒______

4 仿照例句，完成对话。

보기: 가: 오후에 무엇을 할 겁니까? (영화)
나: 부모님과 같이 영화를 볼 겁니다.

1) 가: 점심에 무엇을 먹을 겁니까?
나:______(한국요리)

2) 가: 이 선물을 동생한테 줄 겁니까?
나:______(어머니)

3) 가: 전공은 무엇을 배울 예정입니까?
나:____(중국어)

4) 가: 주말에 무엇을 할 겁니까?
나:____(쉬다)

5) 가: 이번 여행은 어디에 갈 예정입니까?
나:____(하와이)

5 仿照例句，完成对话。

보기: 가: 오전 수업은 몇 시부터 몇 시까지입니까? (8시, 12시)
나: 8시부터 12시까지입니다.

1) 가: 방학은 언제부터 언제까지입니까
나:________________________________(12월 22일, 2월 28일)

2) 가: 한국에 얼마 동안 있을 겁니까?
나:________________________________(9월, 12월, 3개월)

3) 가: 한국어를 몇 달 공부했습니까?
나:________________________________(3월, 9월, 6달)

4) 가: 몇 시부터 몇 시까지 잡니까?
나:________________________________(밤 11시, 아침 6시)

5) 가: 한국의 겨울은 언제부터 언제까지입니까?
나:________________________________(11월, 2월)

6 仿照例句，完成对话。

보기: 가: 매일 몇 시에 학교에 갑니까?
나: 7시 반에 갑니다.

1) 가: 수미 씨는 언제 중국에 왔습니까?
나:____

2) 가: 일요일에 집에서 무엇을 했습니까?
나:____

3) 가: 언제 한국에 갈 겁니까?
   나: ____________________

4) 가: 대학은 언제 졸업했습니까?
   나: ____________________

5) 가: 몇 시에 학교에 갑니까?
   나: ____________________

7 仿照例句，完成对话。

보기: 가: 누구에게 선물을 줍니까?
나: 어머니에게 줍니다.

1) 가: 고양이에게 무엇을 줍니까?
   나: ____________________

2) 가: 누구에게 편지를 씁니까?
   나: ____________________

3) 가: 이 꽃을 누구한테 줄 겁니까?
   나: ____________________

4) 가: 아버지에게 전화를 자주 합니까?
   나: ____________________

5) 가: 생일에 동생에게 무엇을 선물합니까?
   나: ____________________

8 改错。

1) 우리는 어제 영화를 봅니다.

____

2) 어제 오전에 백화점에서 갑니다.

____

3) 선생님은 학생들이 한국어를 가르칩니다.

____

4) 언제 세민 씨와 결혼하을 겁니까?

5) 오늘은 시간이 없습니다. 그리고 내일 만납시다.

6) 버스를 20분 기다렸습니다. 그리고 버스가 오지 않았습니다.

9 翻译下列句子。

1) 考试时间是上午9点到11点半。

2) 星期六打算给爸爸写信。

3) 老师在办公室给学生打电话。

4) — 星期一到星期五学习。
   — 那么，周末一起上山吧。

5) 办公室里一个人都没有。

提高练习

1 根据实际情况回答下列问题。

1) 보통 몇 시에 일어납니까? 그리고 몇 시에 잡니까?

2) 학교 수업은 몇 시부터 몇 시까지합니까?

3) 여름 방학은 보통 언제부터 언제까지 합니까?

____

4) 주말에 무엇을 할 겁니까?

____

5) 졸업 후에 무엇을 할 겁니까?

____

6) 친구와 어떻게 연락합니까?

____

7) 어머니에게 자주 전화를 합니까?

____

8) 생일에 친구에게 무슨 선물을 줍니까?

____

2 向朋友介绍秀美的作息表。

수미의 하루

오전		오후	
6: 30	일어납니다	12: 00	점심 식사
6: 50	세수를 합니다	1: 00	회사에 갑니다
7: 20	아침 식사	3: 30	회의를 합니다
7: 40	신문을 봅니다	6: 00	퇴근합니다
8: 00	회사에 갑니다	7: 00	저녁 식사
8: 50	커피를 마십니다	9: 00	텔레비전을 봅니다
9: 00	일을 합니다	12: 00	잡니다

3 阅读并回答问题。

문장 1:

나는 보통 아침 7시에 일어납니다. 7시 30분에 샤워합니다. 그리고 7시 50분에 아침 식사를 합니다. 아침 식사는 보통 빵과 우유를 먹습니다. 8시 10분에 학교에 갑니다. 학교에서 중국어를 배웁니다. 12시 반에 친구와 같이 학교 식당에서 점심을 먹습니다. 보통 비빔밥을 먹습니다. 그리고 커피, 차를 마십니다. 낮에는 학교 도서관에서 책을 읽습니다. 보통 5시에 집에 갑니다. 저녁 식사는 집에서 합니다. 그리고 숙제를 합니다. 9시 반부터 10시 반까지 텔레비전을 봅니다. 밤 11시에 잠을 잡니다.

1) 나는 7시 30분부터 7시 50까지 무엇을 합니까?

____

2) 점심은 어디에서 무엇을 먹습니까?

____

3) 저녁을 먹고 무엇을 합니까?

____

문장 2:

오늘 아침에는 비가 왔습니다. 나는 아침 7시 40분에 약속 장소로 갔습니다. 지하철에 사람이 아주 많았습니다. 학교 근처 지하철 역에서 친구 영민 씨를 만났습니다. 영민 씨는 우산이 없었습니다. 그래서 영민 씨와 같이 우산을 썼습니다. 우리는 오늘 같이 외국어를 배웁니다. 그리고 영화를 봅니다.

1) 나는 어디에서 친구를 만났습니까?

____

2) 영민 씨도 우산을 가져왔습니까?

____

3) 우리는 오늘 무엇을 합니까?

____

补充单词

방학 (名) 假期	수업 (名) 上课
얼마 (名) 多少	동안 (名) 期间

겨울（名）冬天	꽃（名）花
가르치다（他）教，指教	여름（名）夏天
후（名）后	연락하다（他）联络，联系
퇴근하다（自）下班	회의（名）会议
비빔밥（名）拌饭	숙제（名）作业
잠（名）觉(睡)	샤워(를)하다（词组）淋浴
비（名）雨	약속（名）约定
장소（名）场所，地点	역（名）站
우산（名）雨伞	쓰다（他）打(伞)，用，写
많다（形）多	

제18과

语法要点

방위사
A/V -아/-어/-여요
N -가/-이…N -에 있다/없다
N -의
N -도
N -만

巩固练习

1 选择适当的词填在空格处。

1) 가방 (　　)에 지갑이 있습니다.
① 안　② 밖　③ 건너편　④ 맞은편

2) 선생님 사무실 (　　)에 우리 교실이 있습니다.
① 맞은편　② 밖　③ 속　④ 안

3) 남자 옷은 (　　) 층에서 팔아요.
① 아래　② 안　③ 속　④ 왼쪽

4) 이 책은 (　　) 서점에서 샀습니다.
① 얼른　② 안　③ 다　④ 지금

5) 내 (　　)에 침대와 책상이 있습니다.
① 주방　② 침실　③ 거실　④ 식탁

2 选择适当的助词填在空格处。

1) 고양이는 의자 밑에 있(　　).
① 어요　② 아요　③ 여요　④ 예요

2) 오늘 저녁에 술을 마실 (　　).
① 거에요　② 거이요　③ 거여요　④ 거예요

3) 이것은 누구(　　) 사전이에요?
① 에　② 는　③ 의　④ 에게

4) 어제 백화점에서 바지(　　) 샀어요.
① 의　② 은　③ 에　④ 도

5) 영미 씨는 그 사람(　　) 좋아해요.
① 에게　② 는　③ 만　④ 를

3 仿照例句，完成句子。

보기: 이거, 누구, 구두 ⇒ 이것은 누구의 구두이에요? (예요)

1) 계란, 냉장고, 안, 있다 ⇒____________________

2) 팔다, 여자 옷, 2층, 아동복 ⇒____________________

3) 전화기, 옆, 있다, 무엇 ⇒____________________

4) 바지, 그리고, 백화점, 구두, 사다 ⇒____________________

5) 매일, 공원, 운동하다, 아침 ⇒____________________

6) 내, 어제, 생일, 친구 ⇒____________________

4 仿照例句，完成对话。

보기: 가: 무엇을 해요?
나: 텔레비전을 봐요.

1) 가: 교실이 몇 층에 있어요?
나:____________________ (4층)

2) 가: 도서관이 어디에 있어요?
나:______________________________(식당 옆)

3) 가: 운동복 몇 층에서 팔아요?
나:______________________________(5층)

4) 가: 은행이 어디에 있어요?
나:______________________________(학교 정문 옆)

5) 가: 수미 씨의 전공은 무엇이에요?
나:______________________________(중국어)

6) 가: 이거 누구의 모자예요?
나:______________________________(선생님)

7) 가: 내 안경 못 봤어요?
나:______________________________(책상, 안)

5 仿照例句，完成对话。

보기: 가: 토요일에도 쉬어요?
나: 아니오. 일요일만 쉬어요.

1) 가: 학교 근처에 우체국도 있어요?
나: 아니오,______________________________(서점)

2) 가: 그 가게에 과일도 팔아요?
나: 아니오,______________________________(야채)

3) 가:______________________________(도서관)
나: 아니오, 서점에만 갔어요.

4) 가: 영철 씨는 축구도 좋아해요?
나: 아니오,______________________________(배구)

5) 가: 어제 백화점에서 치마도 샀어요?
나: 아니오,______________________________(바지)

6) 가: 아버지에게 편지도 씁니까?
나: 아니오.______________________________(전화)

7) 가:______________________________(가을)
나: 아니오. 겨울만 좋아합니다.

6 改错。

1) 우리는 내일 영화를 볼 거에요.

2) 책상 위에 달력도 이에요.

3) 탁자 위의 꽃병이 있어요.

4) 우리 집에서 고양이도 있어요.

5) 친구는 도서관에만 공부를 해요.

7 翻译下列句子。

1) 我们班只有韩国人。

2) 今天下午我打算买眼镜和雨伞。

3) 楼上有卧室，也有洗手间。

4) 这个手表是哥哥的生日礼物。

5) 我们只学英语，不学日语。

提高练习

1 仿照例句，改换句子。

보기: 어제 무엇을 했습니까? ⇒ 어제 무엇을 <u>했어요?</u>

1) 내일 뭘 할 예정입니까? ⇒________________

2) 회사가 어디에 있습니까? ⇒________________

3) 음료수는 차를 마십니다. ⇒________________

4) 지금 밖에 비가 옵니다. ⇒________________

5) 우체국에서 편지를 부칩니다. ⇒________________

6) 운동장에서 친구와 같이 테니스를 합니다. ⇒________________

7) 가족하고 같이 한국에 여행 갔습니다. ⇒________________

2 根据实际情况回答下列问题。

1) 교실이 어디에 있어요?

____

2) 옆에 친구 책상 위에 무엇이 있어요?

____

3) 기숙사 건물 안에 무엇이 있어요? 어디에 있어요?

____

4) 학교 도서관은 어디에 있어요?

____

5) 선생님 사무실은 어디에 있어요?

____

3 阅读并回答问题。

문장 1:

여기는 제 방입니다. 제 방에는 책상, 책장, 옷장, 침대가 있습니다. 책상 위에는 컴퓨터가 있습니다. 창문 옆에 시계가 있습니다. 벽에는 가족 사진이 있습니다. 테이블 위에는 꽃병이 있습니다. 제 방은 아주 깨끗합니다.

1) 내 방에는 무엇이 있습니까?

____

2) 시계는 어디에 있습니까?

____

3) 내 방은 어떻습니까?

____

4) 위 글의 내용에 따라 그림을 그리십시오.

____

문장 2:

수미 씨는 학생회관에 자주 갑니다. 학생회관 3층에 식당이 있습니다. 4층에는 우체국과 은행이 있습니다. 오늘도 수미 씨는 식당에서 밥을 먹습니다. 그리고 휴게실에서 책을 읽습니다.

1) 식당은 몇 층에 있습니까?

____

2) 학생회관 4층에 무엇이 있습니까?

____

3) 수미 씨는 휴게실에서 무엇을 합니까?

____

문장 3:

여기는 우리 학교입니다. 정문 옆에 수위실이 있습니다. 캠퍼스 가운데 본관이 있습니다. 도서관은 본관 오른쪽에 있습니다. 체육관은 본관 왼쪽에 있습니다. 식당은 도서관 뒤에 있습니다. 우체국과 문방구점은 도서관 안에 있습니다.

1) 본관은 어디에 있습니까?

____

2) 우체국은 어디에 있습니까?

____

3) 우리 학교 그림을 그리십시오.

____

补充单词

운동복 (名) 运动服	정문 (名) 正门
책상 (名) 书桌	야채 (名) 蔬菜
축구 (名) 足球	배구 (名) 排球
달력 (名) 日历	꽃병 (名) 花瓶
사무실 (名) 办公室	책장 (名) 书柜
옷장 (名) 衣柜	컴퓨터 (名) 电脑
벽 (名) 墙壁	가족 (名) 家族
사진 (名) 照片	테이블 (名) 茶几
깨끗하다 (形) 干净	학생회관 (名) 学生会馆
휴게실 (名) 休息室	가장 (副) 最，第一
열다 (他) 开	가깝다 (形) 近
본관 (名) 主楼，机关楼	캠퍼스 (名) 校园
수위실 (名) 守卫室	가운데 (名) 中间，中部

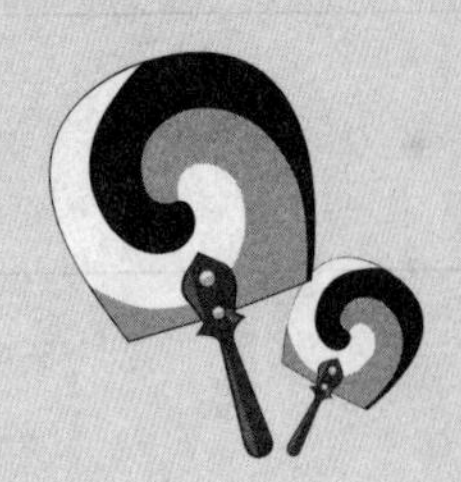

第一单元测试题

题号	1	2	3	4	5	6	7	8	总分
满分	10	10	10	15	20	10	20	5	100
得分									

听解部分

1 听录音填空。

1) 나와 친구는 운동장에서 테니스를 ( ).
① 칩니다 ② 찹니다 ③ 합니다 ④ 삽니다

2) 어제는 텔레비전을 보고 음악도 ( ).
① 듣습니다 ② 듣었습니다 ③ 들었습니다 ④ 들어요

3) 아버지는 오빠와 같이 오늘 ( ) 갔습니다.
① 시장 ② 식당 ③ 시청 ④ 시내

4) 내 방은 거실 ( )에 있습니다.
① 앞 ② 옆 ③ 밑 ④ 위

5) 지금은 오전 ( )입니다.
① 10시 20분 ② 11시 20분 ③ 10시 10분 ④ 11시 10분

2 听下面的对话，选择可以衔接的句子。

1) ( )
① 네, 저는 운동을 좋아합니다. ② 아니오, 저는 운동을 안 좋아합니다.
③ 저는 요리를 좋아합니다. ④ 축구를 자주 합니다.

2) ( )
① 네, 교실은 식당 앞에 있습니다. ② 아니오, 교실은 식당 옆에 있습니다.

③ 아니오, 교실은 식당 앞에 있습니다. ④ 네, 교실은 식당 위에 있습니다.

3) (　　　　)
① 감사합니다.　　　　② 수고하십시오.
③ 돈 없습니다.　　　　④ 많이 파세요.

4) (　　　　)
① 네, 내일은 일요일입니다.　　　　② 아니오, 내일은 토요일입니다.
③ 네, 내일은 일요일이 아닙니다.　　　　④ 내일은 월요일입니다.

5) (　　　　)
① 집에서 쉽니다.　　　　② 집에서 쉴 겁니다.
③ 청소를 하지 않았습니다.　　　　④ 청소를 하고 쉬었습니다.

3 听下面的内容回答问题。

텍스트 1
1) 나의 취미는 무엇입니까? (2점)

2) 나는 요즘 무슨 영화를 봅니까? 왜 그렇습니까? (3점)

텍스트 2
1) 나는 어디를 구경했습니까? (3점)

2) 나는 언제 집에 돌아왔습니까? (2점)

词法 · 词汇 · 阅读部分

4 选词填空。

1) 아버지는 (　　　)을 봅니다.
① 신문　　② 다방　　③ 사과　　④ 음악

2) 동생은 다방에서 차를 (　　　　).
① 삽니다　　② 먹습니다　　③ 마십니다　　④ 만납니다

3) 나는 보통 친구와 (　　　) 식사를 합니다.
① 아직　　② 함께　　③ 일찍　　④ 무척

4) 우리 반 교실은 화장실 (　　　)에 있습니다.
① 밑　　② 위　　③ 안　　④ 옆

5) 저 식당에는 매일 손님이 (　　　) 옵니다.

① 빨리 ② 많이 ③ 아주 ④ 제일

6) 우리 학교 수업은 오전 8시에 ( ).
① 시작해요 ② 끝나요 ③ 출발해요 ④ 도착해요

7) 어제 고향 친구에게 ( )을 썼어요.
① 그림 ② 음악 ③ 신문 ④ 편지

8) 교실에 갔습니다. 그렇지만 ( )도 없었습니다.
① 하나 ② 아무 ③ 언제 ④ 어느

9) 친구하고 식당에서 냉면을 세( ) 먹었습니다.
① 잔 ② 그릇 ③ 병 ④ 권

10) 일이 많습니다. 아주 ( ).
① 바빠요 ② 고마워요 ③ 따뜻해요 ④ 놀라요

5 选择适当的填空。

1) 친구는 편지( ) 씁니다.
① 에 ② 을 ③ 를 ④ 와

2) 우리는 도서관( ) 공부를 합니다.
① 에서 ② 에 ③ 에게 ④ 하고

3) 어제 가게에서 사과( ) 우유를 샀습니다.
① 부터 ② 까지 ③ 에게 ④ 하고

4) 우리 학교는 시내( ) 있습니다.
① 에 ② 에서 ③ 는 ④ 도

5) 나는 오늘( ) 학교에 가지 않았습니다.
① 에 ② 도 ③ 과 ④ 을

6) 내년에는 한국에 유학 ( ).
① 갔어요 ② 갑니다 ③ 갈 겁니다 ④ 가요

7) 내 친구( ) 선생님( ) 소개했어요.
① 가, 에게 ② 에게, 가 ③ 와, 는 ④ 에게, 과

8) 나는 빨간 치마( ) 좋아해요.
① 를 ② 을 ③ 이 ④ 은

9) 월요일( ) 금요일까지 회사에서 일을 합니다.

① 은　　② 에　　③ 부터　　④ 하고

10) 도서관에 갔습니다. (　　) 책을 빌리지 않았습니다.
① 그리고　　② 그렇지만　　③ 아직　　④ 그래서

6 改错。

1) 어머니는 동생에게 선물을 받습니다.

2) 우리는 다음 달에 시험을 보았습니다.

3) 과일하고 계란이 냉장고에서 있습니다.

4) 오늘은 일요일입니다. 그리고 쉬지 않습니다.

5) 이 선물을 친구에 줄 겁니까?

7 将下列句子翻译成韩国语或汉语。

1）在北京大学学了两年电脑。

2）打算学多长时间韩国语？

3）昨天的会议只有我没去。

4）工作时间是几点到几点。

5）昨天晚上家里谁都没在。

6）请把这本历史书交给老师。

7）去学校了，但是没学习。

8）1층에는 거실과 부엌이 있고 2층에는 침실이 있습니다.

9) 시간이 없습니다. 버스 정류장까지 뛰었습니다.

10) 가족들과 함께 제주도에 여행갈 예정입니다.

8 阅读并回答问题。

나는 일요일에는 일을 하지 않습니다. 보통 집에서 쉽니다. (ㄱ) 친구들을 만나서 운동을 합니다. 가끔 기차를 타고 여행도 갑니다. 바다와 산에 갑니다. 고향에도 갑니다.

1) (ㄱ)에 맞는 것을 고르십시오. (2점)
① 그리고 ② 그렇지만 ③ 그래서 ④ 함께

2) 이 사람은 일요일에 무엇을 합니까? (3점)

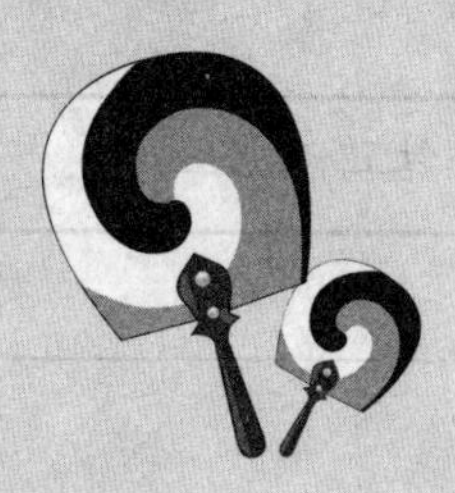

제19과

语法要点

V -고 싶다
V -(으)ㄹ 래요
무슨
A/V -겠어요
그러면

巩固练习

1 选择适当的词填在空格处。

1) (　　) 음료수를 마실래요?
① 어느　② 무엇　③ 무슨　④ 어디

2) 우리 식당은 냉면이 (　　) 맛이 있어요.
① 자주　② 특히　③ 무슨　④ 그냥

3) 친구는 양식집에서 (　　) 한 개를 먹었어요.
① 불고기　② 냉면　③ 햄버거　④ 음료수

4) 백화점의 물건 값이 (　　) 비싸요.
① 너무　② 잘　③ 그냥　④ 다른

5) 일요일에 친구와 다방에서 (　　)를 마셨어요.
① 샐러드　② 냉면　③ 설렁탕　④ 커피

2 仿照例句，完成句子。

보기: 서울, 살다, 고 싶다 ⇒ 서울에 살고 싶어요.

1) 나, 청바지, 입다, 고 싶다 ⇒________________

2) 수미 씨, 음식, 무슨, 을래요, 먹다 ⇒________________

3) 친구, 일요일, 같이, 겠어요, 영화, 보다 ⇒________________

4) 날씨, 입다, 그러면, 춥다, 많이, 옷 ⇒________________

5) 영민 씨, 바지, 무슨 색, 사다 ⇒________________

6) 여름 방학, 설악산, 여행 가다, 같이 ⇒________________

3 仿照例句，完成句子。

보기: 가: 무슨 영화 볼래요?
나: 한국영화 보고 싶어요.

1) 가: 오늘 점심에 뭘 먹겠어요?
나:________________

2) 가:________________
나: 나는 거리에 가고 싶지 않아요.

3) 가: 앞으로 무엇이 되고 싶어요?
나:________________

4) 가: 어디에 여행 가고 싶어요?
나:________________

5) 가: 대학에서 무엇을 배우고 싶어요?
나:________________

6) 가: 누구의 노래를 배우겠어요?
나:________________

4 仿照例句，完成句子。

보기: 가: 무슨 음료수를 마실래요?
나: 나는 사이다를 마실래요.

1) 가: 오후에 같이 영화볼래요?
나: 아니오. ____________________

2) 가: ____________________
나: 아니오. 그냥 집에서 쉴래요.

3) 가: 일요일에 같이 등산 갈래요?
나: ____________________

4) 가: 주말에 나하고 같이 축구 할래요?
나: ____________________

5) 가: 비가 옵니다. 나하고 같이 우리 집에 갑시다.
나: 아니오. ____________________

6) 가: 이번 주말에는 뭐 할래요?
나: ____________________

5 仿照例句，完成句子。

보기: 가: 오늘은 시간이 없어요.
나: 그러면 내일 만납시다.

1) 가: 이 바지는 너무 비싸요.
나: 그러면 ____________________

2) 가: 이 식당에는 손님이 너무 많아요.
나: 그러면 ____________________

3) 가: ____________________
나: 그러면 택시를 탑시다.

4) 가: 오늘은 날씨가 참 좋습니다.
나: 그러면 ____________________

5) 가: 지금 차가 많이 막힙니다.
   나: 그러면____________________

6 改错。

1) 수미 씨는 설렁탕이 먹고 싶어요.

____

2) 나는 부모님과 베이징에서 살을래요.

____

3) 철수 씨, 내일은 어느 요일입니까?

____

4) 동생은 하얀색 치마를 사겠어요.

____

5) 도서관에 한국신문이 없어요. 그렇지만 한국잡지를 보십시오.

____

7 翻译下列句子。

1) 我想买一条黑色的裤子。

____

2) 这个星期天想和我一起去游泳吗？

____

3) 烤肉太贵了，点杂烩汤吧。

____

4) — 想喝点儿什么？
   — 我想喝果汁。

____

____

5) — 最近这个百货商店的东西太贵了。
   — 那么到别处去买吧。

____

____

提高练习

1 阅读并回答问题。

미　연: 마이클 씨, 뭘 먹을래요?
마이클: 비빔밥과 불고기를 시킵시다. 미연 씨는 불고기를 좋아합니까?
미　연: 아니오. 저는 불고기를 좋아하지 않습니다. 저는 생선과 야채를 좋아합니다.
마이클: 그럼, 저는 불고기와 비빔밥을 먹을래요?
미　연: 저는 잡채와 김밥을 먹을래요. 이 집 비빔밥이 맛있습니다. 김치도 맛있습니다. 많이 드십시오.
마이클: 이 집 음식이 정말 맛있네요.
미　연: 마이클 씨, 음식이 맵지 않아요?
마이클: 아니오. 괜찮습니다. 저도 이제는 매운 음식을 잘 먹어요.
미　연: 이 근처 식당은 음식이 다 맛있습니다. 다음에는 양식집에 갑시다.

1) 두 사람은 무엇을 먹었습니까?

____

2) 마이클 씨는 매운 음식을 잘 먹습니까?

____

2 根据下列情况编对话。

패스트푸드집에서

- 메뉴 -

치즈 버거 한 개	1,500 원
불고기 버거 한 개	2,000 원
치킨 한 조각	1,100 원
콜라 한 잔	800 원
아이스크림 한 개	1,000 원

종업원: ______________________________
손님: ______________________________
종업원: ______________________________
손님: ______________________________
종업원: ______________________________
손님: ______________________________
종업원: ______________________________

손님: ____________________

종업원: ____________________

손님: ____________________

카페에서

- 메뉴 -

콜　　라	3,000 원
맥　　주	4,000 원
오렌지 주스	3,000 원
커　　피	2,500 원
과일 샐러드	7,500 원
오징어	5,000 원

종업원: ____________________

손 님A: ____________________

손 님B: ____________________

종업원: ____________________

손 님A: ____________________

손 님B: ____________________

종업원: ____________________

손 님A: ____________________

손 님B: ____________________

종업원: ____________________

손 님A: ____________________

손 님B: ____________________

종업원: ____________________

손 님A: ____________________

손 님B: ____________________

补充单词

야채（名）蔬菜	김밥（名）紫菜包饭
잡채（名）杂菜	김치（名）泡菜
정말（副）真的，很，非常	다음（名）其次
치즈（名）奶酪	치킨（名）鸡肉
잔（名）杯，酒杯	조각（名）瓣
아이스크림（名）冰淇淋	오렌지（名）橙子
오징어（名）鱿鱼	

제20과

语法要点

N -가/-이
N -는/-은
어느
V -(으)러 가다
"ㅂ"불규칙동사

巩固练习

1 选择适当的词填在空格处。

1) 영숙 씨는 (　　) 계절을 좋아해요?
① 무슨　② 무엇　③ 어느　④ 어디

2) 겨울에 우리는 눈사람을 (　　).
① 합니다　② 만듭니다　③ 옵니다　④ 춥습니다

3) 문수 씨는 안경을 (　　).
① 신어요　② 써요　③ 입어요　④ 해요

4) 제 고향의 겨울 날씨는 참 (　　).
① 더워요　② 추워요　③ 따뜻해요　④ 시원해요

5) 한국의 설악산은 (　　)이 유명합니다.
① 돌　② 바람　③ 단풍　④ 수박

2 完成下列表格中的“ㅂ”不规则音变。

동사	아/어/여요	았/었/였어요	아/어/여서
춥다			
덥다			
어렵다			
쉽다			
뜨겁다			
차갑다			
가깝다			
맵다			
가볍다			
무겁다			
아름답다			
곱다			
돕다			

3 选择适当的助词填在空格处。

1) 내장산(　　) 어디에 있습니까?
① 가　② 이　③ 의　④ 에

2) 이 가방 안에 무엇(　　) 있습니까?
① 은　② 는　③ 이　④ 를

3) 제주도(　　) 바람하고 돌이 많습니다.
① 이　② 는　③ 에서　④ 은

4) 오늘 저녁에 영화 보(　　) 갑시다.
① 러　② 에　③ 에서　④ 으러

5) 동생은 친구 집에 놀(　　) 갔어요.
① 가　② 러　③ 의　④ 에

4 仿照例句，完成对话。

보기: 가: 수미 씨, 어디에 가요?
나: 운동장에 축구하러 가요.

1) 가: 설악산의 경치가 어떻습니까?
나: ______________________________ (아름답다)

2) 가: 이 김치 맛이 어때요?
나: ______________________________ (맵다)

3) 가: 집이 학교에서 멀어요?
나: 아니오, ______________________________ (가깝다)

4) 가: ______________________________ (춥다)
나: 빨리 집 안에 들어오세요.

5) 가: ______________________________ (맵다)
나: 네, 물 좀 마셔요.

5 仿照例句，完成对话。

1) 가: 여기에 어떻게 오셨어요?
나: ______________________________

2) 가: 우체국에 뭘 하러 가요?
나: ______________________________

3) 가: 수미 씨, 도서관에 갑니까?
나: 네, ______________________________

4) 가: 어제는 친구하고 백화점에 갔어요?
나: ______________________________

5) 가: 베이징에 왜 갔어요?
나: ______________________________

6 改错。

1) 수미 씨, 어디는 아파요?
____

2) 여기가 우리 학교입니다. 우리 학교가 참 아름답어요.

3) 오후에 저하고 같이 공원에 놀으러 갑시다.

4) 그 친구가 나를 돕았어요.

5) 밥을 안 먹었어요. 지금 배가 많이 고파요.

7 翻译下列句子。

1) 今年冬天天气真冷。

2) 秋天人们都去旅行。

3) 昨天我去邮局寄信了。

4) 朋友的生日我买了玫瑰和郁金香。

5) 不想和我一起去图书馆学习吗?

提高练习

1 根据实际情况回答下列问题。

1) 여름에 고향에 비가 많이 옵니까?

2) 어느 계절을 좋아합니까? 왜 좋아합니까?

3) 눈이 오는 날에 무엇을 합니까?

____

4) 고향의 최고기온과 최저기온은 얼마입니까?

____

2 介绍下列城市的天气情况。

(시드니)　　(서울)　　(베이징)　　(파리)　　(런던)　　(도쿄)

도시이름	서울	베이징	런던	시드니	파리	도쿄
날　씨						

3 仿照例句，用“ㅂ”不规则音变完成下列句子。

보기: 날씨가 너무 (더워요). 밖에 나갑시다. (덥다, -어요)

1) 일이 너무 많아요. 저 좀 (　　　　　). (돕다, -아 주세요)

2) 한국음식은 너무 (　　　　　). 잘 먹지 않아요. (맵다, -어요)

3) 우리 집은 (　　　　　). 걸어 갑시다. (가깝다, -어요)

4) 친구가 도와 주었어요. 너무 (　　　　　). (고맙다, -었어요)

5) 짐이 너무 (　　　　　). 좀 도와 주세요. (무겁다, - 어요)

4 阅读并回答问题。

문장 1:

각 지방의 날씨를 전해 드리겠습니다.

서울은 눈이 내리겠습니다. 낮 최고기온은 이 도, 최저기온은 영하 오 도입니다. 강릉은 대체로 맑겠습니다. 낮 최고기온은 영하 삼 도, 최저기온은 영하 팔 도입니다. 대구는 오전에 좀 흐리고 오후에는 눈이 내리겠습니다. 낮 최고기온은 영 도, 최저기온은 영하 오 도입니다. 광주는 대체로 흐리겠습니다. 낮 최고기온은 이 도, 최저기온은 영하 삼 도 입니다. 제주도는 비가 내리겠습니다. 그리고 바람이 많이 불겠습니다. 낮 최고기온은 팔 도, 최저 기온은 일 도 입니다. 이상으로 전국의 날씨를 전해 드렸습니다.

1) 어디가 제일 덥고 어디가 제일 춥습니까?

____

2) 오늘 최고기온과 최저기온은 각각 얼마입니까?

____

문장 2:

추운 겨울이 되었습니다. 추운 날씨와 눈 때문에 많은 사람들이 밖에 나가지 않습니다. 계속 집 안에만 있으면 건강에 좋지 않습니다. 운동이 부족하기 때문입니다. 아침에 집 근처에 있는 산에 올라가는 것은 몸에 아주 좋습니다. 오후에 학교 캠퍼스에서 천천히 걷는 것도 건강에 좋습니다.

1) 겨울에 사람들은 왜 밖에 나가지 않습니까?

____

2) 어떻게 하면 건강에 좋습니까?

____

补充单词

뜨겁다（形）热	최저（名）最低
무겁다（形）重	곱다（形）好看，漂亮
돕다（他）帮助	최고（名）最高
기온（名）气温	지방（名）地方
낮（名）白天	강릉（名）江陵
대체로（副）大体，大概	맑다（形）晴，清
대구（名）大丘	흐리다（形）阴
광주（名）光州	제주도（名）济州岛
불다（自）刮	전국（名）全国

전하다（他）传，转达，转告	밖（名）外面
나가다（自）出去	계속（名）继续
건강（名）健康	운동（名）运动
부족하다（形）不足，不够	아침（名）早晨
올라가다（自）上去	몸（名）身体
천천히（副）慢慢的	걷다（自）走，走路

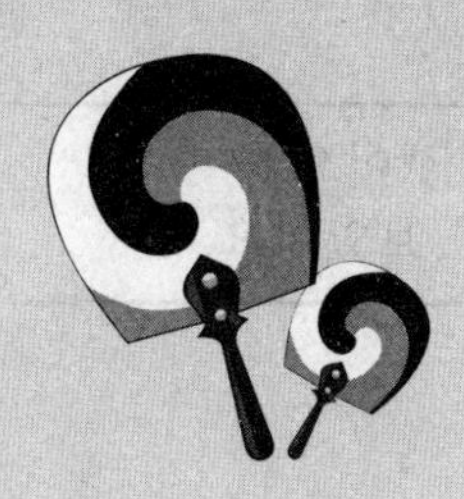

제21과

语法要点

A/V -(으)ㄴ 후에, A/V -(으)ㄴ 다음에
A/V -기 전에
A/V -고
A/V -(으)ㄹ까요?
그래서

巩固练习

1 选择适当的词填在空格处。

1) 그 영화가 (　　) 재미있습니까?
① 많이　② 너무　③ 그냥　④ 정말

2) 진수 씨, 빨리 식사하세요. 밥이 (　　).
① 덥겠어요　② 뜨겁겠어요　③ 식겠어요　④ 차갑겠어요

3) 수미 씨는 어느 회사에 (　　)했어요?
① 취직　② 퇴근　③ 지각　④ 방학

4) 내일 우리 집에 (　　) 오십시오.
① 꼭　② 자주　③ 많이　④ 여러

5) 우리의 한국어는 많이 (　　).
① 빨랐어요　② 늘었어요　③ 높았어요　④ 많았어요

2 仿照例句，完成对话。

보기: 가: 민수 씨, 어제 무엇을 했어요?
나: 친구를 만나고 영화를 보았어요.

1) 가: 주말에 보통 무엇을 해요?
나: ______________________________

2) 가: 수미 씨 학교는 어떻습니까?
나: ______________________________

3) 가: 철수 씨 고향의 여름 날씨는 어떻습니까?
나: ______________________________

4) 가: 언제 집에 가겠어요?
나: ______________________________

5) 가: 철민 씨는 자기 전에 무엇을 해요?
나: ______________________________

6) 가: 오늘 무엇을 해요?
나: ______________________________

3 仿照例句，完成对话。

보기: 가: 한국에 오기 전에 무엇을 했어요?
나: 회사에서 일했어요.

1) 가: ______________________________
나: 부산에서 살았습니다.

2) 가: 이 약은 언제 먹습니까?
나: ______________________________

3) 가: 이 회사에서 일하기 전에 무엇을 했습니까?
나: ______________________________

4) 가: 언제 전화 할까요?
나: ______________________________

5) 가: 감기에 걸렸습니다. 그래서 머리가 아파요.
나:______________________________

4 仿照例句，完成对话。

> 보기: 가: 오늘 수업이 <u>끝난 후에</u> 같이 운동합시다.
> 나: 네, 좋아요.

1) 가: 아침에 일어난 후에 무엇을 합니까?
나:______________________________

2) 가: 언제 고향에 돌아가겠습니까?
나:______________________________

3) 가: 대학 졸업한 후에 무엇을 할 예정입니까?
나:______________________________

4) 가: 오늘 점심에 같이 식사합시다.
나:______________________________

5) 가: 그 사람 소식 있어요?
나:______________________________

5 仿照例句，完成对话。

> 보기: 가: 왜 이렇게 사람이 많아요?
> 나: 오늘은 주말이에요. <u>그래서</u> 사람이 많아요.

1) 가: 어제 왜 학교에 안 왔어요?
나:______________________________

2) 가: 철수 씨, 왜 기분이 안 좋아요?
나:______________________________

3) 가: 오늘 왜 지각했어요?
나:______________________________

4) 가: 시험 잘 봤어요?
나: ________________

5) 가: 왜 여름을 좋아해요?
나: ________________

6 改错。

1) 오늘은 날씨가 춥습니다. 그리고 옷을 많이 입었어요.

____

2) 나는 식사를 하는 다음에 좀 쉽니다.

____

3) 어제 친구들과 같이 등산을 갔습니다. 그런데 기분이 좋았습니다.

____

4) 오늘 아침에는 늦게 일어났어요. 그리고 택시를 탔어요.

____

5) 명수 씨, 이번 주 토요일 오후에 같이 테니스합니다.

____

7 翻译下列句子。

1）到了韩国以后马上给我打电话。

____

2）在公司上班之前干什么了？

____

3）那座山不高，所以有很多人去登山。

____

4）昨天的雨下得很大，而且风也很大。

____

5）放假以后和我一起去旅行啊？

____

提高练习

1 用“-기 전에”或“-(으)ㄴ 후에”回答下列问题。

1) 약은 보통 언제 먹습니까? 하루에 몇 번 먹습니까?

____

2) 요즘 잠이 안 옵니다. 어떻게 합니까?

____

3) 운동은 언제 하면 좋아요?

____

4) 방학에 무엇을 할 것입니까?

____

5) 편지를 부치기 전에 무엇을 해야 합니까?

____

2 阅读并回答问题。

내 친구 이선희 씨는 결혼한 후에 우리들을 초대했습니다. 우리는 아침 여섯 시에 선희 씨 집에 도착했습니다. 선희 씨와 남편은 우리를 기다리고 있었습니다. 우리는 선희 씨에게 예쁜 시계와 꽃을 선물했습니다. 선희 씨는 아주 기뻐했습니다. 선희 씨가 요리한 음식을 맛있게 먹은 후에 결혼 사진을 보았습니다. 그리고 두 사람이 제주도 여행을 가서 찍은 사진도 보았습니다. 집으로 돌아 오기 전에 우리는 맥주도 마시고 이야기도 많이 했습니다.

1) 우리가 선희 집에 도착했을 때 선희 씨는 무엇을 했습니까?

____

2) 선희 씨는 왜 기뻐했습니까?

____

3) 우리는 선희 씨 집에서 무엇을 했습니까?

____

补充单词

부산（名）釜山	소식（名）消息
편지（名）信	부치다（他）邮寄

제22과

语法要点

A/V -(으)시
경어법(어휘)
겸손어(어휘)
N -께서, N -께서는, N -께

巩固练习

1 选择适当的词填在空格处。

1) 할아버지께서 밥을 (　　).
① 먹습니다　② 마십니다　③ 식사합니다　④ 잡수십니다

2) 어머니는 집에 (　　).
① 있습니다　② 계십니다　③ 없습니다　④ 안 있습니다

3) 선생님, (　　)이 어떻게 되십니까?
① 이름　② 연세　③ 성함　④ 나이

4) 아버지는 작년에도 회사에 (　　)습니다.
① 가셨　② 오셨　③ 다니셨　④ 있었

2 选择适当的助词填在空格处。

1) 할아버지(　　) 아직 일을 하십니다.
① 은　② 가　③ 께서　④ 는

2) 선생님(　　) 사무실에 안 계십니다.
① 께서는　② 가　③ 이　④ 께

3) 저는 할머니(　　) 전화를 했습니다.
① 께서　② 께　③ 에게　④ 한테

4) 어제 한국 친구(　　) 선물을 주었습니다.
① 께서　② 은　③ 에게　④ 를

3 仿照例句，完成句子。

보기: 선생님, 어제, 학교, 가다 ⇒ 선생님께서는 어제 학교에 가셨습니다.

1) 사장님, 아주, 주말, 바쁘다 ⇒________________

2) 은행, 형님, 일, 하다 ⇒________________

3) 지금, 할머니, 방, 주무시다 ⇒________________

4) 전화, 선생님, 사무실, 받다 ⇒________________

5) 부인, 일, 무슨, 하다 ⇒________________

4 把下列句子改写成敬语。

1) 선생님, 집이 어디에 있습니까?

____

2) 아버지는 지금 방에서 신문을 보고 있습니다.

____

3) 어느 분이 김 사장입니까?

____

4) 장 사장의 아내는 선생입니다.

____

5) 할머니, 잘 자십시오.

____

6) 수미 씨 아버지의 생일은 언제입니까?

____

7) 우리 할아버지는 올해 나이가 78세입니다.

____

8) 이 일을 어머니께 말했습니까?

____

5 用敬语完成下列对话。

1) 가: ______________________________
나: 제 이름은 김수미입니다.

2) 가: 누나, 아버지 지금 어디 계세요?
나: ______________________________

3) 가: ______________________________
나: 머리가 좀 아파요.

4) 가: ______________________________
나: 우리 집은 학교 뒤에 있어요.

5) 가: ______________________________
나: 저의 아버지 생일은 7월 5일입니다.

6 仿照例句，完成对话。

보기: 가: 저 분이 김 선생님이십니까?
나: 아니오. 저 분은 장 선생님이십니다.

1) 가: ______________________________
나: 아니오. 별로 안 바빠요.

2) 가: ______________________________
나: 너도 잘 가.

3) 가: ______________________________
나: 저의 동생입니다.

4) 가: ________________

나: 주말에는 운동을 해요

5) 가: ________________

나: 작년 8월에 중국에 왔어요.

7 仿照例句，完成对话。

> 보기: 가: 수미 씨 어머니께서는 무슨 일을 하세요?
> 나: 저의 어머니는 의사입니다.

1) 가: 이 편지 누구한테 보냅니까?

나: ________________

2) 가: ________________

나: 나는 주말에 시간이 있어요.

3) 가: 보통 부모님과 어떻게 연락해요?

나: ________________

4) 가: ________________

나: 지금 고향에 계십니다.

5) 가: 고민이 있어요. 누구에게 말합니까?

나: ________________

8 改错。

1) 내 이름은 김민수이십니다.

____

2) 선생님, 어디 아파요?

____

3) 영민 씨 아버지는 무슨 일을 합니까?

____

4) 할머니, 내가 읽어 주겠습니다.

____

5) 동생은 아버지에게 선물을 주었어요.

____

6) 할아버지는 나에게 이야기를 해 드렸어요.

____

7) 형님, 많이 먹으십시오.

____

9 翻译下列句子。

1) 我的父母在公司上班。

____

2) 爸爸给奶奶生日礼物。

____

3) 老师在家里休息。

____

4) 这个问题我来跟老师讲。

____

5) 妈妈给我寄来了一件衣服。

____

巩固练习

1 阅读并回答问题。

문장 1:

우리 가족은 모두 네 명입니다. 아버지와 어머니가 계시고 남동생이 한 명 있습다. 우리 아버지는 의사입니다. 어머니는 학교 선생님입니다. 학교에서 영어를 가르칩니다. 내 남동생은 지금 고등학생입니다. 내 동생은 내년에 대학교에 갑니다. 나는 한국 대학교 3학년 학생입니다. 나는 한국 대학교에서 음악을 공부합니다. 우리 가족은 모두 부산에 삽니다. 그렇지만 나는 학교 기숙사에서 삽니다.

위 문장의 내용과 맞으면 ○, 틀리면 × 를 하십시오.

① 나와 동생은 다 대학생입니다. (　　)
② 우리 가족 4명은 모두 부산에 삽니다. (　　)
③ 나는 대학교에서 음악을 전공합니다. (　　)
④ 우리 아버지는 영어를 가르칩니다. (　　)

문장 2:

이것은 우리 가족 사진입니다. 가운데에는 할아버지와 할머니가 계십니다. 두 분은 연세가 같습니다. 일흔 여섯 살이십니다. 뒤에 아버지와 어머니가 계십니다. 아버지는 회사에 다니십니다. 어머니는 가정 주부입니다. 누나는 왼쪽 끝에 있습니다. 대학원에서 경영학을 공부하고 있습니다. 어머니 오른쪽에 형이 있습니다. 형은 대학생입니다. 대학교에서 언어학을 공부합니다. 저는 제일 앞에 있습니다. 저는 지금 한국에서 한국말을 공부하고 있습니다.

1) 할머니는 연세가 얼마입니까?
   ① 66세　　② 76세　　③ 86세

2) 나는 남자입니까? 여자입니까?

____

3) 누나는 어디에 있습니까?

____

4) 가족 사진을 그려보세요.

____

补充单词

고등학생 (名) 高中生	의사 (名) 大夫
내년 (名) 来年，明年	음악 (名) 音乐
대학원 (名) 研究生院	같다 (形) 一样，同样
가정주부 (名) 家庭主妇	끝 (名) 结尾，尾，最后
언어학 (名) 语言学	가족 (名) 家族

제23과

语法要点

A/V -아/-어/-여서
A/V -아/-어/-여야 하다/되다
V -지 말다
모음 "ㅡ"의 탈락
신체부위명칭

巩固练习

1 选择适当的词填在空格处。

1) 어서 오세요. 어디가 (　　)십니까?
① 편찮으　② 슬프　③ 막히　④ 나쁘

2) 기침을 하고 콧물도 (　　).
① 나갑니다　② 납니다　③ 옵니다　④ 막힙니다

3) 밥을 먹은 후에 이 약을 먹고 (　　) 주무십시오.
① 자주　② 매우　③ 모두　④ 푹

4) 건강이 좀 안 좋습니다. (　　) 집에서 쉬어야 합니다.
① 잠깐만　② 당분간　③ 좀　④ 늘

5) 오늘 아침에 머리가 아팠어요. 그래서 (　　) 일어났습니다.
① 빨리　② 일찍　③ 늦게　④ 천천히

2 完成下列表格中的"ㅡ"音的脱落。

동사	아/어/여요	았/었/였어요	아/어/여서
아프다			
기쁘다			
고프다			
바쁘다			
쓰다			
나쁘다			
예쁘다			
슬프다			
크다			
잠그다			

3 仿照例句，完成句子。

보기: 머리, 학교, 아프다, 안, 가다 ⇒ 머리가 아파서 학교에 안 갔어요.

1) 비, 오다, 갑자기, 날씨, 춥다 ⇒________________

2) 오늘, 기분, 장미꽃, 좋다, 받다 ⇒________________

3) 아침, 눈, 길, 오다, 많이, 막히다 ⇒________________

4) 많이, 목, 기침, 아프다, 하다 ⇒________________

5) 시간, 빨리, 가다, 없다 ⇒________________

6) 김 선생님, 만나다, 꼭, 오늘 ⇒________________

4 仿照例句，完成对话。

보기: 가: 요즘 바빠요?
나: 네, 회사에 일이 많아서 좀 바빠요.

1) 가: 길이 왜 이렇게 막혀요?
나: ______________________________

2) 가: 수미 씨, 무슨 기쁜 일 있어요?
나: ______________________________

3) 가: 진수 씨, 화났어요?
나: ______________________________

4) 가: 토요일에 같이 테니스 할까요?
나: ______________________________

5) 가: 철수 씨는 왜 겨울을 좋아해요?
나: ______________________________

6) 가: 수미 씨, 병원에 어떻게 오셨어요?
나: ______________________________

5 仿照例句，完成对话。

보기: 가: 기차역에 가고 싶습니다. 어떻게 가야 합니까?
나: 23번 버스를 타세요.

1) 가: 학교에 갑니다. 시간이 없습니다.
나: ______________________________

2) 가: 한국요리 먹고 싶습니다. 어디에 가야합니까?
나: ______________________________

3) 가: 한국회사에서 일하고 싶습니다. 무엇을 잘 해야합니까?
나: ______________________________

4) 가: 열이 많이 나고 기침도 많이 합니다.
나: ______________________________

5) 가: 우체국에 가고 싶어요. 여기서 가깝습니까?
나: ______________________________

6 仿照例句，完成对话。

보기: 가: 회의 중입니다. 큰 소리로 말하지 마세요.
나: 네, 알겠습니다.

1) 가: 요즘은 건강이 너무 안 좋아요.
나: ______

2) 가: 이번 주말에는 영화를 볼 예정이에요.
나: ______

3) 가: 수미 씨, 버스 타고 갑시다.
나: ______

4) 가: 내일 같이 등산 갑시다.
나: ______

5) 가: 철민 씨, 담배 피울래요?
나: ______

7 用连接词尾连接句子。

1) 감기에 걸리다. 머리가 아프다.
______

2) 생일에 선물을 받았다. 기쁘다.
______

3) 배가 아프다. 약을 먹다.
______

4) 아침에 일찍 일어나다. 반 시간 운동을 하다.
______

5) 집에 가다. 어머니에게 전화하다.
______

6) 내일 시험이 있다. 공부하다.
______

8 翻译下列句子。

1) 今天接到了爸爸的电话，很高兴。

2) 突然下了雨，没参加聚会。

3) 因为是学生，所以就应该努力学习。

4) 今天是周末，所以商店里人很多。

5) 不要学习了，去看电影吧！

6) 别坐出租车，坐公交车吧！

提高练习

1 根据实际情况用"-아야/어야/여야 하다"回答下列问题。

1) 집에 불이 났습니다.

2) 많이 먹어서 배가 아픕니다.

3) 요즘 많이 피곤합니다.

4) 요즘은 식욕이 없어요.

5) 친구 집에 가는데 길을 잘 모릅니다.

6) 출근하는데 차가 많이 막힙니다.

____

2 阅读并回答问题。

문장 1:

현주: 요즘 유행하는 감기에 걸린 것 같습니다.
약사: 증세가 어떻습니까?
현주: 콧물이 나고 기침도 심합니다.
약사: 열이 나고 목도 부었어요?
현주: 열은 나는데 목은 붓지 않았어요.
약사: 병원에서 며칠 분을 처방해 주었어요?
현주: 이틀 분을 처방해 주었어요.
약사: 이 약을 식후 30분마다 드세요.

1) 요즘 유행하는 감기 증세는 어떻습니까?

____

2) 약은 하루에 몇 번 먹습니까?

____

3) 며칠 분 약을 받았습니까?

____

문장 2:

요즘 날씨가 갑자기 추워 졌습니다. 그래서 감기에 걸렸습니다. 어제 밤부터 열이 났습니다. 오늘 아침에 일어나니까 목이 아프고 기침이 났습니다. 수업이 끝나고 약국에 가서 감기약을 샀습니다. 그리고 집에 일찍 돌아 왔습니다. 외국에서 몸이 아프니 집 생각이 났습니다. 그리고 갑자기 눈물이 났습니다. 중국에 있을 때는 규칙적으로 운동을 했습니다. 친구들하고 농구도 하고 축구도 했습니다. 운동을 하니까 감기도 잘 걸리지 않고 건강했습니다. 그런데 한국에 와서 생활에 익숙하지 않아서 운동을 잘못 했습니다. 감기가 나으면 다시 운동을 열심히 할 겁니다.

1) 나는 왜 감기에 걸렸습니까?

____

2) 나는 언제 약 사러 갔습니까? 그리고 어디에 갔습니까?

____

3) 중국에 있을 때는 왜 건강했습니까?

____

补充单词

불이 나다（词组）着火	나쁘다（形）坏，不好
슬프다（形）悲伤	잠그다（他）锁
요즘（名）最近，近来	피곤하다（形）疲劳，累
식욕（名）食欲	유행하다（自）流行
처방（名）处方	식후（名）饭后
마다（副）每	이틀（名）两天
규칙적（名）规律性	농구（名）篮球
생활（名）生活	익숙하다（形）熟悉
낫다（自）痊愈	눈물（名）眼泪
나다（自）出来	

제24과

语法要点

N -을/-를 타고 가다/오다
N -(으)로 가다/오다
N -을/-를 갈아타다
N -(으)로 갈아타다
N -에서
걸리다

巩固练习

1 选择适当的词填在空格处。

1) 길이 많이 막힙니다. (　　)을 탑시다.
① 택시　② 버스
③ 지하철　④ 자전거

2) 집에서 회사까지 (　　). 그래서 버스를 타고 갑니다.
① 가까워요　② 멀어요
③ 근처이에요　④ 길어요

3) 여기에서 공항까지 시간이 (　　) 걸립니까?
① 빨리　② 적게
③ 얼마나　④ 별로

4) 학교에서 기차역까지 20분 (　　) 걸립니다.
① 그냥　② 많이
③ 바로　④ 정도

5) 나는 어제 시내에서 (　　) 친구를 만났습니다.
① 꼭　② 우연히　③ 바로　④ 자주

2 选择适当的助词填在空格处。

1) 동생은 매일 버스를 타(　　) 학교에 갑니다.
① 도　　② 로
③ 고　　④ 는

2) 우리 학교(　　) 우체국(　　) 그리 멀지 않습니다.
① 부터　　② 에서
③ 에　　④ 까지

3) 그 회사는 아침 9시(　　) 일을 합니다.
① 에서　　② 도
③ 부터　　④ 에게

4) 아버지는 지하철(　　) 출근합니다.
① 을　　② 로
③ 은　　④ 으로

5) 먼저 23번 버스를 타십시오. 그리고 시청 역에서 31번 버스(　　) 갈아타십시오.
① 를　　② 을
③ 로　　④ 에

6) 그 친구는 어느 나라(　　) 왔습니까?
① 으로　　② 부터
③ 에서　　④ 도

3 仿照例句，完成对话。

> 보기: 가: 수미 씨, 고향에 뭘 타고 갈 거예요? (무엇으로 갈 거예요?)
> 나: 버스를 타고 갈 거예요? (버스로 갈 거예요.)

1) 가: 공항에 뭘 타고 갈까요?
나: ______________________________

2) 가: 수미 씨는 매일 회사에 어떻게 갑니까?
나: ______________________________

3) 가: 민수 씨, 방학 때 집에 뭘 타고 갈 예정입니까?
나: ______________________________

4) 가: 서울극장에 가고 싶어요. 몇 번 버스를 타야 합니까?
나: ____________________

5) 가: 이번 한국 여행도 비행기를 탈까요?
나: ____________________

4 仿照例句，完成对话。

> 보기: 가: 아저씨, 이 버스 공항까지 갑니까?
> 나: 아니오. 운동장역에서 710번 버스를 갈아타세요.

1) 가: 23번 버스 동대문 운동장까지 갑니까?
나: 아니오. ____________________

2) 가: 선생님, 학교까지 버스 한번 탑니까?
나: 아니오. ____________________

3) 가: 왕룡 씨, 베이징역에 가고 싶습니다. 어디에서 차를 갈아탑니까?
나: ____________________

4) 가: 명수 씨, 버스로 직접 회사에 갑니까?
나: 아니오. ____________________

5) 가: 실례합니다. 광화문에 가고 싶습니다. 지하철 4호선으로 바로 갑니까?
나: 아니오. ____________________

5 仿照例句，完成对话。

> 보기: 가: 일이 아직 많이 남았어요?
> 나: 네, 아직 한 2시간쯤 걸려야 합니다.

1) 가: 서울 대학교까지 지하철로 얼마나 걸립니까?
나: ____________________

2) 가: 서울에서 상하이까지 비행기로 몇 시간 걸립니까?
나: ____________________

3) 가: 집이 학교에서 가깝습니까?
나: ____________________

4) 가: 베이징에서 상하이까지 멀어요?
   나: 아니오. ________________

5) 가: 교실에서 도서관까지 멀어요?
   나: ________________

6 仿照例句，完成对话。

보기: 가: 모두 한국사람이에요?
나: 태국에서 온 사람도 있어요.

1) 가: 집에서 회사까지 멉니까?
   나: ________________

2) 가: 이 친구 어느 나라 사람입니까?
   나: ________________

3) 가: 왕룽 씨, 고향이 상하이입니까?
   나: 아니오, ________________

4) 가: 만나서 반갑습니다. 어디에서 오셨어요?
   나: ________________

5) 가: 수미 씨의 선생님은 미국사람입니까?
   나: ________________

7 仿照例句，完成句子。

보기: 아버지, 걷다, 회사, 가다, 매일 ⇒ 아버지는 매일 회사까지 걸어서 갑니다.

1) 기차, 집, 가다 ⇒ ________________

2) 버스, 친구, 타다, 집 ⇒ ________________

3) 동대문 역, 4호선, 갈아타다 ⇒ ________________

4) 집, 걷다, 회사, 15분, 걸리다 ⇒ ________________

5) 가다, 서울, 기차, 부산, 타다 ⇒ ________________

8 翻译下列句子。

1) 我每天坐公交车上学。

2) 想去上海，在北京需要换车吗？

3) 从宿舍到学校需要走5分钟。

4) 请在下一站换乘地铁一号线。

5) 我是乘飞机从汉城来到北京的。

提高练习

1 阅读并回答问题。

서울의 대중 교통

서울은 대중 교통이 잘 발달되어 있습니다. 대중 교통은 버스와 택시, 지하철로 나뉩니다. 버스는 좌석버스, 일반버스, 마을버스가 있습니다. 좌석버스와 일반버스는 주로 변두리와 도심을 연결하고 마을버스는 작은 동네와 근처 지하철역 또는 큰 길까지 연결합니다. 택시는 모범택시와 일반택시가 있습니다. 모범택시는 좀 더 비쌉니다. 그렇지만 서비스가 좋습니다. 지하철은 모두 8개 노선이 있습니다. 이들의 수송 분담률을 보면 최근 몇 년 동안에 많이 늘었습니다.

1) 서울의 대중 교통에는 어떤 것들이 있습니까?

2) 좌석버스와 마을버스는 어떤 곳을 연결해 줍니까?

3) 택시는 어떤 종류가 있습니까? 어떻게 다릅니까?

2 阅读并回答问题。

서울은 인구 천만 명이 사는 큰 도시입니다. 차도 많고 길도 복잡해서 출퇴근 간에는 길이 종종 막힙니다. 서울에는 자가용을 이용하는 사람도 많지만 대중 교통을 이용하는 사람들이 더 많습니다. 서울에서는 버스와 지하철을 쉽게 탈 수 있습니다. 버스는 노선이 많아서 서울의 구석구석까지 갑니다. 서울 시내에는 버스만 다니는 버스 전용차로가 있습니다. 자가용은 이 길로 다니면 안 됩니다. 길이 막혀서 차들이 서 있을 때도 버스는 전용차선으로 빨리 달릴 수 있습니다.

지하철은 8개의 노선이 있습니다. 지하철은 눈이 오는 날에도 막히지 않습니다. 제시간에 도착해서 출근시간에 많은 사람들이 이용합니다. 사람들은 지하철을 타고 가는 동안 신문도 보고 책도 읽습니다. 그래서 요즘은 버스보다 지하철을 이용하는 사람이 늘고 있습니다.

1）사람들은 왜 지하철을 많이 이용합니까?

____

2）사람들은 지하철을 타는 동안 무엇을 합니까?

____

补充单词

복잡하다（形）复杂，拥挤	종종（副）经常，常常
출퇴근（名）上下班	자동차（名）汽车
이용하다（他）利用，使用	대중 교통（名）大众交通
노선（名）路线	구석（名）角落
전용차로（名）专用线路	자가용（名）私家车
늘다（自）增长，增加	좌석（名）座位
마을（名）村子	나누다（他）分，区分
연결하다（他）连接	변두리（名）边缘
동네（名）村子，小区	모범（名）模范
수송（名）输送，运输	분담률（名）分担率
서비스（名）服务	

第二单元测试题

题号	1	2	3	4	5	6	7	8	总分
满分	10	5	10	15	20	10	20	10	100
得分									

听解部分

1 听录音判断对错。

1) 영미 씨는 학교에 가지 않고 집에서 청소만 했어요. (　　　)

2) 철민 씨는 중국에 온 후에 중국어를 배웠어요. (　　　)

3) 민수 씨는 친구 생일 선물을 사지 않습니다. (　　　)

4) 연아 씨 결혼식은 6월 11일입니다. (　　　)

5) 나는 밝은 색을 좋아합니다. 그래서 노란색을 좋아합니다. (　　　)

2 听下面的对话，选择可以衔接的句子。

1) (　　　)
① 네, 좋아하는 사람이 없어요.　　② 좋아하는 사람이 참 많습니다.
③ 재미있는 사람을 좋아합니다.

2) (　　　)
① 네, 학교 선생입니다.　　② 저의 아내는 회사원입니다.
③ 저는 일을 하지 않습니다.

3) (　　　)
① 머리가 아프고 열이 납니다.　　② 약을 사려고 합니다.
③ 아직 약을 사지 않았습니다.

4) (　　　)
① 중국에서 회사에 다녔어요.　② 계속 공부했어요.
③ 계속 공부하고 싶어요.

5) (　　　)
① 오늘 벌써 여러 잔 마셨어요.　② 커피 맛이 참 좋네요.
③ 저는 커피를 좋아합니다.

3 听下面的内容回答问题。

텍스트
1) 영민 씨는 학생입니까? (1점)

2) 영민 씨는 아침을 먹기 전에 무엇을 합니까? (2점)

3) 영민 씨는 집에 돌아 와서 무엇을 합니까? (2점)

대화
1) 환자는 어디 아파서 병원에 왔습니까? (1점)

2) 환자는 언제부터 아팠습니까? (2점)

3) 환자는 무엇을 먹었습니까? (2점)

词法 · 词汇 · 阅读部分

4 选词填空。

1) 이 가게는 (　　)가 아주 좋아요.
① 기분　② 분위기　③ 기후　④ 모임

2) 한국어를 조금 배웠는데 (　　) 잘 못해요.
① 미리　② 일찍　③ 아직　④ 바로

3) 토요일에 시내에서 (　　) 친구를 만났어요.
① 우연히　② 갑자기　③ 당분간　④ 하루 종일

4) 집에서 학교까지 시간이 (　　) 걸립니까?
① 어디　② 얼마나　③ 무슨　④ 어느

5) 어제는 영화를 봤습니다. 영화가 너무 (　　) 울었습니다.
① 슬퍼서　② 나빠서　③ 아파서　④ 무리해서

6) 선생님, 어디가 ( )? 안색이 안 좋아 보여요.
① 나쁘세요 ② 심심하세요 ③ 편찮으세요 ④ 슬프세요

7) 할아버지, 피곤하신데 일찍 ( ).
① 주무십시오 ② 드십시오 ③ 잡수십시오 ④ 드리십시오

8) 오늘은 너무 ( ) 친구 집에 놀러 갔습니다.
① 심심해서 ② 똑똑해서 ③ 가까워서 ④ 무거워서

9) 음식이 너무 ( ) 조금 후에 먹을 겁니다.
① 차가워서 ② 매워서 ③ 뜨거워서 ④ 가벼워서

10) 잠깐만 기다리십시오. ( ) 출발하겠습니다.
① 꼭 ② 곧 ③ 늦게 ④ 못

5 选择适当的填空。

1) 이 약을 할머님( ) 갖다 드리십시오.
① 께서 ② 께서는 ③ 께 ④ 이

2) 영철 씨 가방 안에 무엇( ) 있습니까?
① 은 ② 는 ③ 을 ④ 이

3) 우리 고향의 여름은 아주 ( ).
① 덥어요 ② 더워요 ③ 덥었어요 ④ 더웠어요

4) 작년에 여기에 한국어를 배우( ) 왔어요.
① 고 ② 만 ③ 러 ④ 도

5) 친구 집에 ( ) 선물을 사러 백화점에 갔어요.
① 간 다음에 ② 간 후에 ③ 가기 전에 ④ 가서

6) 미안합니다. 내일 시험이 있어서 오늘은 복습을 ( ).
① 할 겁니다 ② 합시다 ③ 해야 합니다 ④ 하러 갑니다

7) 시청 역까지 버스를 타고 가십시오. 그리고 거기서 지하철( )십시오.
① 로 갈아타 ② 을 갈아타 ③ 를 갈아타 ④ 으로 갈아타

8) 영민 씨, 다음 주에 같이 등산을 ( ).
① 갈까요 ② 가십시오 ③ 가고 싶어요 ④ 갈 예정이에요

9) 오늘은 시간이 ( ) 내일 갈 겁니다.
① 없고 ② 없어서 ③ 없어야 ④ 없으러

10) 많이 아파요. (　　) 오늘은 집에서 푹 쉬십시오.
① 그리면　② 그렇지만　③ 그리고　④ 그래서

6 改错。

1) 나는 매일 지하철으로 회사에 다닙니다.

2) 날씨가 너무 추버서 옷을 많이 입었어요.

3) 누가 사장님께 말 드릴 겁니까?

4) 지난 달에 아버지가 준 돈을 아직 다 썼습니다.

5) 갑자기 손님이 오고 회사에 못 갔어요.

7 将下列句子翻译成韩国语或汉语。

1）虽然北京很乱，但是我想在北京生活。

2）要坐地铁吗？那么一起走吧，我也坐地铁。

3）昨天去邮局取包裹了。

4）到家以后，一定要来电话啊。

5）趁现在还没忘记，赶紧告诉老师吧。

6）今天见到了多年不见的朋友，非常高兴。

7）从这儿到汽车站，走着去大概需要15分钟。

____

8）배가 고파서 식당에 밥을 먹으로 갔다 왔습니다.

____

9) 형님은 아침 일찍 출근해서 저녁 늦게 퇴근합니다.

____

10) 여름에 한국 사람은 삼계탕과 수박을 많이 먹습니다.

____

8 完成下列对话。

1) 가: 오늘은 너무 바빠요.
나:______________________________(그러면)

2) 가: 밖에 비가 옵니다. 어디 가요?
나:______________________________(러 가다)

3) 가: 여름 방학에는 무엇을 했어요?
나:______________________________(고)

4) 가: 오후에 같이 영화 봅시다.
나:______________________________(아/어/여야 하다)

5) 가: 오늘은 왜 이렇게 늦었습니까?
나:______________________________(아서/어서/여서)

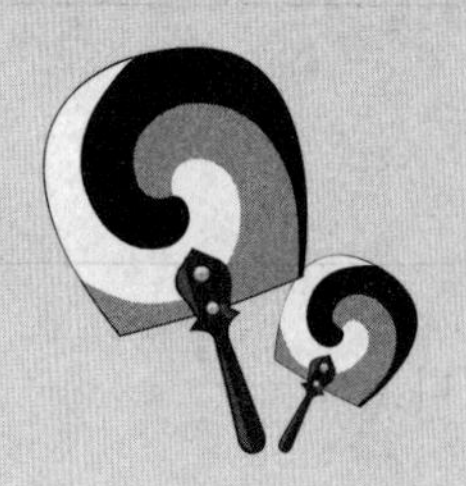

제25과

语法要点

전화번호 말하기
A/V -지요?
V -아/어/여 주다
A/V -(으)데요
그런데

巩固练习

1 选择适当的词填在空格处。

1) 여보세요. 김 선생님 좀 (　　)합니다.
① 감사　② 부탁　③ 인사　④ 소개

2) 미안합니다. 전화를 (　　) 걸었습니다.
① 잘　② 일찍　③ 바로　④ 잘못

3) 현주 씨는 (　　) 안 돌아왔습니다.
① 벌써　② 아직　③ 일찍　④ 그냥

4) 죄송합니다. 전화번호를 (　　) 한번 알려 주시겠습니까?
① 또　② 아직　③ 다시　④ 이미

2 仿照例句，完成对话。

보기: 가: 한국요리 맛있지요?
나: 네, 그런데 좀 매워요.

1) 가: ____________________
나: 아니오, 별로 어렵지 않아요.

2) 가: ____________________
나: 네, 김 선생님은 한국사람입니다.

3) 가: ____________________
나: 네, 저의 전공은 한국역사입니다.

4) 가: ____________________
나: 아닌데요. 전화 잘못 걸었습니다.

5) 가: ____________________
나: 아니오, 윗 층에서 팔아요.

6) 가: 여보세요. ____________________
나: 네, 그렇습니다.

3 仿照例句，完成对话。

보기: 가: 수미 씨, 그 꽃 누가 사 주었어요?
나: 남자 친구가 사 주었어요.

1) 가: ____________________
나: 미안합니다. 오늘 안 가져 왔습니다.

2) 가: 한국노래를 가르쳐 주겠습니까?
나: ____________________

3) 가: ____________________
나: 미안해요. 저도 잘 모릅니다.

4) 가: 어머니 생신에 뭘 드립니까?
나: ____________________

5) 가: 일이 너무 많아서 고민이에요?
나: ____________________

4 仿照例句，完成对话。

보기: 가: 민수 씨, 서울대학 졸업했지요?
나: 고려대학 졸업했는데요.

1) 가: 수미 씨, 오늘 날씨 좀 춥지요?
나: ____________________

2) 가: 철수 씨, 여기에서 기차역까지 멉니까?
나: ____________________

3) 가: 방학에 무슨 계획있어요?
나: ____________________

4) 가: ____________________
나: 그래서 이 식당에는 매일 손님이 많아요.

5) 가: 한국어 잘 하세요?
나: ____________________

5 选择适当的接续副词填在空格处。

그리고, 그렇지만, 그러면, 그런데, 그래서

1) 여기는 교실입니다. (　　　　) 저기는 도서관입니다.

2) 전화를 하고 싶습니다. (　　　　) 근처에 공중 전화가 없습니다.

3) 숙제를 선생님께 드립니다. (　　　　) 빨간 볼펜으로 고쳐 주십니다.

4) 그 식당은 값이 쌉니다. (　　　　) 분위기도 좋습니다.

5) 오늘은 너무 피곤합니다. (　　　　) 집에 일찍 돌아왔습니다.

6) 우리 형은 키가 큽니다. (　　　　) 힘이 없습니다.

7) 저는 한국요리를 좋아해요. (　　　　) 동생은 중국요리를 좋아해요.

8) 내일은 시간이 없습니다. (　　　　) 모레 만납시다.

9) 눈이 많이 왔습니다. (　　　　) 차가 많이 막힙니다.

10) 생일에 선물을 많이 받았습니다. (　　　　) 기분이 좋지 않습니다.

6 翻译下列句子。

1) 韩国冬天很冷吧？

____

2) 昨天在学校等了一个多小时，可是朋友却没来。

____

3) 对不起, 你打错电话了。

____

4) 告诉我金老师的电话号好吗？

____

5) 请让张老师听电话好吗？

____

提高练习

1 阅读并回答问题。

앤디 씨는 공중 전화를 자주 이용합니다. 앤디 씨 지갑에는 공중 전화카드하고 50원 짜리, 100원 짜리 동전이 있습니다. 일주일에 한번 국제 전화를 합니다. 미국에 계시는 부모님께 전화를 합니다. 부모님은 앤디 씨 전화를 기다립니다.

다나카 씨는 하숙집에 전화가 있습니다. 하숙집 학생들이 모두 함께 그 전화를 씁니다. 그 전화는 자주 통화중입니다. (　　) 다나카 씨는 휴대폰을 사고 싶어합니다.

영남 씨는 지난 달에 제주도 여자 친구에게 휴대폰으로 매일 시외 전화를 했습니다. (　　) 영남 씨는 전화 요금을 많이 냈습니다.

미연 씨는 휴대폰을 가지고 있습니다. 휴대폰은 요금이 비쌉니다. (　　) 미연 씨는 항상 짧게 통화합니다.

1) 누가 제일 편할까요? 왜 그렇게 생각합니까?

____

2) 누가 전화 요금을 제일 많이 낼까요? 왜 그렇게 생각합니까?

____

3) (　　　) 안에 알맞은 것을 고르십시오.
① 그리고　　② 그러나　　③ 그러면　　④ 그래서

2 根据实际情况回答下列问题。

1) 여러분은 다음 중 주로 무엇을 많이 이용합니까?
① 휴대폰　　② 집 전화　　③ 공중 전화　　④ 인터넷 전화

2) 어떤 전화를 자주 합니까?
① 국제 전화　　② 시내 전화　　③ 시외 전화

3) 누구에게 자주 전화를 합니까? 일주일에(하루에) 몇 번 합니까?

____

4) 주로 어떤 이야기를 합니까? 전화 내용을 써 보세요.

____

5) 국제 전화는 어떻게 겁니까?

____

3 根据下列情况编对话。

1) 내일은 왕동 씨 생일이에요. 왕동 씨는 친구 집에 전화 했어요. 그런데 친구가 집에 없어요. 친구 누나하고 이야기 합니다.

왕동: 여보세요.
누나: ______________________________
왕동: ______________________________
누나: ______________________________
왕동: ______________________________
누나: ______________________________
왕동: ______________________________
누나: ______________________________
왕동: ______________________________
누나: ______________________________
왕동: ______________________________

2) 준수 씨가 민수 씨에게 전화를 합니다. 민수 씨 집 전화번호는 891-5524입니다. 그런데 전화를 잘못 걸었습니다. 그 집은 891-5514입니다.

준수: ______________________________
? : ______________________________

준수: ______
? : ______
준수: ______
? : ______
준수: ______
? : ______
준수: ______
? : ______

3) 서울극장에 전화를 해서 영화표를 예약하세요.

손님: ______
직원: ______
손님: ______
직원: ______
손님: ______
직원: ______
손님: ______
직원: ______
손님: ______
직원: ______

补充单词

공중 전화 (名) 公用电话	전화카드 (名) 电话卡
동전 (名) 硬币	국제 전화 (名) 国际电话
기다리다 (他) 等，等待	함께 (副) 一起，一同
통화중 (名) 占线(电话)	휴대폰 (名) 手机
시외 전화 (名) 长途电话	요금 (名) 费用
항상 (副) 总是，经常	짧다 (形) 短
편하다 (形) 便利，方便	내다 (他) 拿出，付钱
인터넷 전화 (名) 网络电话	예약 (名) 预约
영화표 (名) 电影票	

제26과

语法要点

관형형 어미 V -는, A/V -(으)ㄴ
어떤
N -보다
V -고 있다

巩固练习

1 选择适当的词填在空格处。

1) 손님은 얼굴이 커서 이 안경이 잘 (   ) 것 같은데요.
① 마음에 들 ② 어울릴
③ 좋아할 ④ 편할

2) 철수 씨, 넥타이 (   )는 방법 좀 가르쳐 주세요.
① 입 ② 신 ③ 끼 ④ 매

3) 손님, (   ) 스타일의 치마를 찾으십니까?
① 큰 ② 어느 ③ 어떤 ④ 비싼

4) 날씨가 많이 추워서 장갑을 (   )습니다.
① 썼 ② 입었 ③ 꼈 ④ 신었

5) 우리 누나는 얼굴이 예쁘고 몸도 (   ).
① 커요 ② 예뻐요 ③ 날씬해요 ④ 귀여워요

2 选择适当的助词填在空格处。

1) 나는 예쁘(　　) 편한 스타일의 신발이 좋아요.
① 도　② 고　③ 와　④ 하고

2) 오늘(　　) 어제 날씨가 더 춥습니다.
① 보다　② 은　③ 도　④ 부터

3) 빨간색이 없습니까? (　　) 분홍색을 주십시오.
① 그래서　② 그리고　③ 그러면　④ 그런데

4) 수미 씨는 (　　) 사람을 좋아해요.
① 어느　② 어떤　③ 무슨　④ 무엇

5) 우리는 경치가 (　　) 설악산에 갔어요.
① 아름답은　② 아름답는　③ 아름다운　④ 아름답던

3 仿照例句，完成句子。

보기: 어제, 재미있다, 영화, 보다 ⇒ 어제 재미있는 영화를 보았어요.

1) 지금, 우리, 형님, 전화하다, 사람 ⇒________________

2) 날씨, 시원하다, 덥다, 음료수, 마시다 ⇒________________

3) 어제, 어머니, 선물, 예쁘다, 사 주다 ⇒________________

4) 할머니, 한복, 입다, 분홍색 ⇒________________

5) 저, 희다, 눈, 겨울, 내리다, 좋아해요 ⇒________________

6) 사다, 요즘, 유행하다, 옷, 고싶다 ⇒________________

4 仿照例句，完成对话。

보기: 가: 왕룡 씨는 어떤 음식을 좋아하세요?
나: 저는 매운 한국음식을 좋아해요.

1) 가: 철민 씨는 어느 계절을 좋아해요?
나:________________

2) 가: 손님, 어떤 치마를 사고 싶습니까?
나: ____________________

3) 가: 철수 씨, 날이 너무 더워요. 뭘 마실까요?
나: ____________________

4) 가: ____________________
나: 그래요? 나도 한국음식을 좋아해요.

5) 가: 생일에 무슨 선물 받았어요?
나: ____________________

6) 가: 수미 씨는 어떤 사람을 좋아합니까?
나: ____________________

5 仿照例句，完成对话。

보기: 가: 준수 씨, 옆에 있는 사람 누구예요?
나: 내 대학 동창이에요.

1) 가: ____________________
나: 우리 선생님입니다.

2) 가: 어느 분이 수미 씨 여자 친구입니까?
나: ____________________

3) 가: ____________________
나: 한국영화 "친구" 입니다.

4) 가: 선생님은 어떤 학생들을 좋아합니까?
나: ____________________

5) 가: 손님, 어떤 옷을 찾으십니까?
나: ____________________

6 仿照例句，完成对话。

보기: 가: 이 사과 어때요?
나: 저 사과보다 좋지 않아요.

1) 가: 한국요리를 좋아해요?
   나:______________________________

2) 가: 미선 씨, 오늘 날씨 참 춥지요?
   나:______________________________

3) 가: 과일은 사과를 살까요?
   나:______________________________

4) 가: 이 백화점 물건이 싸요?
   나: 네,______________________________

5) 가: 올해도 비가 많이 왔어요?
   나:______________________________

7 仿照例句，完成对话。

> 보기: 가: 영남 씨, 요즘 뭐 해요?
> 나: 대학 시험 준비하고 있어요.

1) 가: 아버지 지금 뭐 하세요?
   나:______________________________

2) 가: 여기에서 뭘 하세요?
   나:______________________________

3) 가: 철민 씨, 아버지는 무슨 일을 하십니까?
   나:______________________________

4) 가: 아이들이 지금 뭘 합니까?
   나:______________________________

5) 가: 어느 분이 수미 씨 선생님이에요?
   나:______________________________

8 翻译下列句子。

1) 天气很热，我想喝一杯凉爽的饮料。
____

2）这个假期想去景色美丽的雪岳山。

____

3）爸爸正在家里看报纸。

____

4）韩服比西装更舒服。

____

5）红色比蓝色更适合你。

____

提高练习

1 用下面的词描述朋友的样子。

보기:	키가 크다 / 작다 / 보통이다	안경을 끼다
	뚱뚱하다 / 날씬하다	눈이 크다 / 작다
	머리가 길다 / 짧다	얼굴이 예쁘다 / 잘 생기다

2 根据实际情况回答下列问题。

1) 여러분은 어떻게 생긴 남자(여자)를 좋아합니까?

____

2) 여러분의 선생님은 어떻게 생겼습니까?

____

3) 오늘 여러분의 옷차림은 어떻습니까?

____

4) 여러분이 좋아하는 영화배우나 가수의 외모는 어떻습니까?

____

3 阅读并回答问题。

요즘 한국에서는 어떤 사람이 미인입니까? 키가 크고 얼굴은 작고 눈이 크고 쌍꺼풀도 있는 사람일 것입니다. 그럼, 한국의 전통적인 미인은 어땠을까요? 지금과 비슷할까요? 그렇지 않습니다.

옛날에 한국에서는 키가 크고 마른 사람을 별로 좋아하지 않았습니다. 날씬한 사람보다 약간 통통한 사람을 더 예쁘게 생각했습니다. 그리고 눈이 큰 사람은 겁이 많다고 생각했습니다. 물론 이러한 조건보다 마음이 아름다운 것이 더 중요합니다. 마음이 고와야 진짜 미인이 될 수 있습니다.

1) 요즘 한국에서는 어떤 사람이 미인입니까?

____

2) 옛날에 한국사람은 어떤 사람을 더 좋아했습니까?

____

补充单词

보통 (副) 通常，一般	뚱뚱하다 (形) 胖乎乎
통통하다 (形) 胖乎乎	날씬하다 (形) 苗条
길다 (形) 长	옷차림 (名) 打扮，装束
쌍꺼풀 (名) 双眼皮	전통적 (名) 传统的
미인 (名) 美女	비슷하다 (形) 相似，差不多
마르다 (形) 干，干瘦	약간 (副) 一些，若干
겁 (名) 恐惧	조건 (名) 条件
마음 (名) 心地	중요하다 (形) 重要
진짜 (副) 真，很	옛날 (名) 从前，古时候

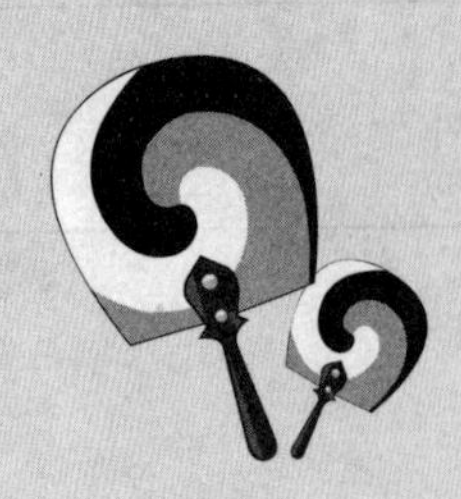

제27과

语法要点

V -는 것
A/V -(으)면
V -아/어/여 보다
N -(이)나
"ㄷ"불규칙동사

巩固练习

1 选择适当的词填在空格处。

1) 공부는 (　　) 하는 것이 중요합니다.
① 꾸준히　　② 매우
③ 가끔　　④ 바로

2) 운동은 (　　) 오랫 동안 해야 됩니다.
① 바로　　② 자주
③ 조금씩　　④ 참

3) 내일 (　　) 오세요. 제가 도와 드리겠습니다.
① 바로　　② 다시
③ 이미　　④ 아까

4) 그 그림은 선생님이 (　　) 그린 것입니다.
① 바로　　② 직접　　③ 이미　　④ 별로

5) 무슨 (　　)이 있어요? 요즘 왜 기분이 안 좋아요.
① 고생　　② 수고　　③ 고민　　④ 수심

2 完成下列表格中的“ㄷ”不规则音变。

동사	아/어/여요	았/었/였어요	아/어/여서
듣다			
묻다			
걷다			
긷다			
깨닫다			

3 仿照例句，完成句子。

보기: 배, 병원, 아프다, 가다 ⇒ 배가 아프면 병원에 가세요.

1) 누나, 사진, 좋아하다, 찍다, 아주 ⇒________________

2) 싫어하다, 동생, 공부하다 ⇒________________

3) 놀다, 언제, 있다, 오다, 시간, 우리 집 ⇒________________

4) 친구, 도와 주다, 있다, 일, 내 ⇒________________

5) 저, 주스, 시원하다, 커피, 마시다 ⇒________________

6) 수영, 주말, 저, 등산, 같이, 갑시다 ⇒________________

4 仿照例句，完成对话。

보기: 가: 수미 씨, 기숙사 생활하는 것이 어때요?
나: 친구가 많아서 참 재미있어요.

1) 가: 미선 씨, 무엇이 제일 싫어요?
나:________________

2) 가: 김 선생님 사무실에 계십니까?
나:________________

3) 가: 민수 씨는 취미가 뭐예요?
나:________________

4) 가: 사람에게 무엇이 제일 중요합니까?
나:____

5) 가: 왕동 씨, 김수미 씨 왜 울었어요?
나:____

6) 가: 명수 씨, 축구 잘 해요?
나:____

5 仿照例句，完成对话。

보기: 가: 영남 씨는 잠이 안 오면 어떻게 해요?
나: 뜨거운 우유를 한 잔 마십니다.

1) 가: 눈이 오는 날에 무엇을 하고 싶어요?
나:____

2) 가: 오늘은 일찍 퇴근해요.
나:____

3) 가: 머리가 너무 아프고 힘도 없어요.
나:____

4) 가: 눈이 와서 길이 많이 막힙니다.
나:____

5) 가: 나는 몸이 약해서 자주 병에 걸려요.
나:____

6 仿照例句，完成对话。

보기: 가: 영미 씨, 스케이트 어려워요?
나: 별로 어렵지 않아요. 한번 배워 보세요.

1) 가: 철민 씨는 중국음식을 좋아해요?
나:____

2) 가: 김수미 씨 잘 알아요?
   나: ____________________

3) 가: 여기가 어디예요? 경치가 참 아름다운데요.
   나: ____________________

4) 가: 갑자기 배가 많이 아파요.
   나: ____________________

5) 가: 김 선생님 지금 댁에 계실까요?
   나: 저도 잘 모르겠는데요. ____________________

7 仿照例句，完成对话。

보기: 가: 대학교에서 뭘 배우고 싶어요.
나: 컴퓨터나 경영학을 배우고 싶어요.

1) 가: 미연 씨, 언제 같이 수영할까요?
   나: ____________________

2) 가: 아침에 보통 뭘 타고 학교에 옵니까?
   나: ____________________

3) 가: 시간이 있으면 뭘 합니까?
   나: ____________________

4) 가: 이번 여름방학 여행은 어디로 가고 싶어요?
   나: ____________________

5) 가: 친구 생일에 무엇을 선물하면 좋아요?
   나: ____________________

8 改错。

1) 제 취미는 여행한 것이에요.

____

2) 물건을 많이 팔으면 장려금을 줍니다.

____

3) 큰 도시에서 살을 사람이 많아요.

4) 저녁에도 이 선생님의 수업을 들었습니다.

5) 내 친구는 운동한 것을 싫어해요.

9 翻译下列句子。

1) 我不喜欢不遵守时间的人。

2) 早睡早起是好习惯。

3) 如果有什么事的话，随时给我打电话。

4) 如果很辣的话，就换别的菜吧！

5) 不是很难，试一试吧！

6) 那个人真的很不错，有时间的话去见一见吧！

7) 在大学想学英语或汉语。

8) 毕业以后想去韩国企业或学校工作。

巩固练习

1 仿照例句，用"ㄷ"不规则音变完成下列句子。

보기: 집에서 학교까지 (걸어가요). (걷다, -아 가요)

1) 수업시간에 선생님의 강의를 잘 (　　　　　　). (듣다, -으십시오)

2) 모르는 것이 있으면 선생님께 (　　　　　　). (묻다, -어 보세요)

3) 금방 짐을 많이 (　　　　　　) 차를 봤어요. (싣다, -은)

4) 어제 수업시간에 (　　　　　　) 내용을 오늘 잊어 버렸어요. (듣다, -은)

5) 그렇게 많은 물건을 어떻게 다 (　　　　　　)? (싣다, -었어요)

2 根据实际情况回答下列问题。

1) 여러분의 취미는 무엇입니까?

____

2) 아버지, 어머니의 취미는 무엇입니까?

____

3) 친한 친구의 취미는 무엇입니까?

____

4) 여러분은 취미생활을 언제 어떻게 합니까?

____

3 阅读并回答问题。

문장 1:

내 취미는 사진 찍기입니다. 그래서 제 가방 속에는 언제나 사진기가 있습니다. 저는 아름다운 경치, 재미있는 광경을 보면 언제나 가방 속의 사진기를 꺼냅니다. 친구와 함께 공원에 갔을 때입니다. 잔디밭 한가운데에 앉아 있는 새가 너무 아름다웠습니다. 저는 가까운 곳에서 새를 찍고 싶어서 천천히 잔디밭으로 들어갔습니다. 그 때 친구가 "잠깐"하면서 손가락으로 무엇을 가리켰습니다. 거기에는 이런 표지판이 있었습니다. "잔디를 보호합시다".

1) 나는 어떤 것을 찍습니까?

____

2) 나는 왜 새를 찍지 못 했습니까?

____

문장 2:

사람들은 누구나 다 취미를 가지고 있습니다. 그러나 취미는 다 다릅니다. 시간이 있으면 집에서 책을 읽는 사람도 있고 배낭을 메고 산이나 바다로 여행을 가는 사람도 있습니다. 그러나 취미활동을 즐기지 못하는 사람들도 많습니다. 그것은 시간때문입니다. 특히 회사생활을 하는 사람 중에는 1년 동안 한번도 취미생활을 즐기지 못하는 사람도 많습니다. 그들에게는 직장에서 받은 스트레스를 풀 기회가 없습니다. 취미활동을 통하여 우리는 스트레스도 풀고 기분도 전환합니다. 일주일 동안 열심히 일하고 주말에 취미생활을 하면 월요일에 일도 더 잘 할 수 있습니다.

1) 어떤 사람이 취미생활을 할 수 없습니까? 왜 못 합니까?

____

2) 취미생활을 하면 무엇이 좋습니까?

____

补充单词

싣다 (他) 装载，装	짐 (名) 货物
사진 찍기 (名) 照相	가방 (名) 包
속 (名) 里，里面	언제나 (副) 一直，总是
사진기 (名) 照相机	광경 (名) 光景，情况
꺼내다 (他) 拿出	잔디밭 (名) 草坪
한가운데 (名) 正中间	새 (名) 鸟
들어가다 (自) 进去	잠깐 (副) 一会儿
손가락 (名) 手指	가리키다 (他) 指
표지판 (名) 标牌	보호하다 (他) 保护
배낭 (名) 背囊	메다 (他) 背，扛
즐기다 (他) 喜爱，喜欢	특히 (副) 特别
직장 (名) 工作单位	받다 (他) 得到，收到
스트레스 (名) 压力，压抑	풀다 (他) 解开，缓解
기회 (名) 机会	통하다 (自) 相通，通过
전환하다 (他) 换，转换	

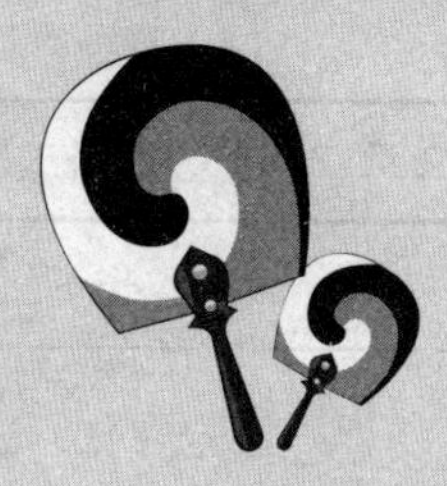

제28과

语法要点

N -(으)로
A/V -다가
(아마) A/V -(으)ㄹ 것이다
N -가/이 아니다
그러니까

巩固练习

1 选择适当的词填在空格处。

1) 학생들이 교실에서 (　　) 공부합니다.
① 좀　　② 조용히
③ 참　　④ 많이

2) 이 길로 (　　) 가다가 광장에서 오른 쪽으로 가십시오.
① 빨리　　② 자주
③ 조금씩　　④ 똑바로

3) 지하철 2호선을 타고 가다가 종로에서 (　　)십시오.
① 내리　　② 들어가
③ 가져가　　④ 건너

4) 우리 아버지는 작년에 담배를 (　　)습니다.
① 깼　　② 잘랐　　③ 끊었　　④ 골랐

5) 이 길로 가다가 앞의 사거리에서 길을 (　　)면 서점이 보입니다.
① 건너　　② 오르　　③ 나가　　④ 들어오

2 仿照例句，完成句子。

보기: 앞, 은행, 똑바로, 가다, 있다 ⇒ 똑바로 앞으로 가면 은행이 있어요.

1) 있다, 오른쪽, 들어가다, 교실 ⇒______

2) 싫어하다, 동생, 공부하다 ⇒______

3) 놀다, 언제, 있다, 오다, 시간, 우리 집 ⇒______

4) 친구, 도와 주다, 있다, 일, 내 ⇒______

5) 저, 주스, 시원하다, 커피, 마시다 ⇒______

6) 수영, 주말, 저, 등산, 같이, 갑시다 ⇒______

3 仿照例句，完成对话。

보기: 가: 아저씨, 이 버스 시청에 갑니까?
나: 아니오. 공항<u>으로</u> 갑니다.

1) 가: 오후에 어디에서 만날까요?
나:______

2) 가: 그러면, 저녁에 어디에서 기다릴까요?
나:______

3) 가:______
나: 서울 행 기차는 오후 5시에 출발합니다.

4) 가:______
나: 아저씨, 이 쪽으로 가면 더 가깝지 않아요?

5) 가: 도서관이 어디에 있어요?
나:______

6) 가: 은행이 어느 쪽에 있어요?
나:______

4 仿照例句，完成对话。

보기: 가: 현주 씨, 계속 서울에서 살았어요?
나: 아니오. 부산에서 살다가 3년 전에 서울에 이사왔어요.

1) 가: 요즘 날씨가 참 이상하군요.
나: 그래요. ____________________

2) 가: 지금까지 운동을 계속했어요?
나: 아니오. ____________________

3) 가: 물건 값이 또 많이 올랐군요.
나: 그래요. ____________________

4) 가: 철민 씨, 이제는 담배를 끊었어요?
나: 아니오. ____________________

5) 가: 지하철 4호선을 계속 타고 가면 됩니까?
나: 아니오. ____________________

5 仿照例句，完成对话。

보기: 가: 수진 씨, 지금 몇 시쯤 됐을까요?
나: 아마 11시쯤 됐을 거예요?

1) 가: 지금 민수 씨 집에 도착했을까요?
나: ____________________

2) 가: 내일 날씨가 좋을까요?
나: ____________________

3) 가: 오늘 영진 씨는 왜 기분이 안 좋아요?
나: ____________________

4) 가: 우리 팀이 이겼을까요?
나: ____________________

5) 가: 이번 주말에 태진 씨 집에 놀러 가요.
나: ____________________

6 仿照例句，完成对话。

보기: 가: 오늘 수요일이지요?
나: 수요일이 아니라 목요일이에요.

1) 가: 이거 왕동 씨 가방 맞아요?
나: ______________________________

2) 가: 아저씨, 이번 역 동대문역입니까?
나: ______________________________

3) 가: 영희 씨, 아버지 직업이 의사이지요?
나: ______________________________

4) 가: 이번 비행기 서울 행 비행기 맞아요?
나: ______________________________

5) 가: 다음 수업 한국지리이지요?
나: ______________________________

7 翻译下列句子。

1) 这列火车是去北京的吗？
____

2) 坐101路公共汽车，在市政府站下车，走100米左右就到了。
____

3) 这么晚了，老师可能不在办公室。
____

4) 这不是啤酒，是汽水。
____

5) 明天开始休假，所以不上班，在家休息。
____

6) 一直向前走，在十字路口往右拐。
____

提高练习

1 看图练习问路会话。

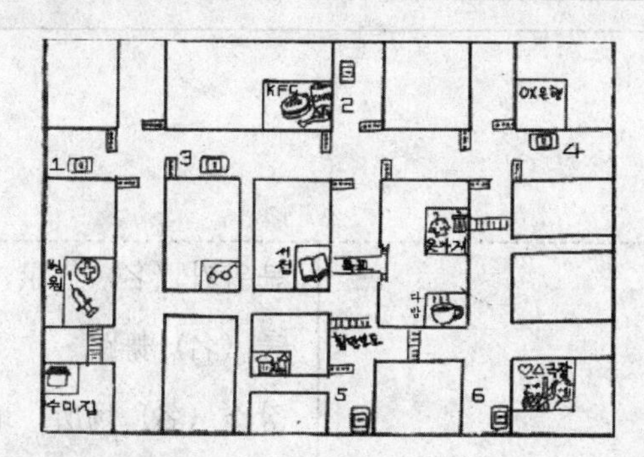

2 阅读并回答问题。

문장 1:

이번 주말에 있을 파티 장소를 잘 모르는 사람이 있어서 다시 한 번 알려 드립니다. 장소는 우리 집입니다. 서울대 입구 지하철역에서 내려서 3번 출구로 나오면 약국이 있습니다. 거기에서 오른쪽으로 돌아서 150미터쯤 가면 작은 사거리가 있습니다. 사거리에서 왼쪽으로 곧장 들어오십시오. 첫 번째 나오는 슈퍼마켓 옆 길로 들어오면 왼쪽으로 네 번째 집입니다.

1) 약국은 어디에 있습니까?

____

2) 우리 집은 어디에 있습니까?

____

문장 2:

저는 미국에서 온 톰입니다. 지금 남대문시장에 있습니다. 부산에 사는 친구한테 줄 선물을 샀습니다. 나는 그 친구를 만나러 부산에 갑니다. 서울역에서 기차를 타고 갈 겁니다. 서울역에서 부산까지는 기차로 다섯 시간쯤 걸립니다. 그런데 저는 서울역에 가는 길을 잘 모릅니다. 그래서 길을 가는 사람에게 물었습니다.

"저, 실례지만 서울역에 어떻게 갑니까?"

"이 쪽으로 가다가 큰 길이 나오면 왼쪽으로 가십시오. 거기에서 똑바로 300미터쯤 가면 남대문이 있습니다. 남대문에서 왼쪽으로 100미터쯤 가면 길 건너편에 서울역이 있습니다."

"감사합니다."

서울역은 생각보다 가까운 곳에 있습니다.

1) 톰은 오늘 어디에 뭘 하러 갑니까?

____

2) 서울역은 어디에서 가깝습니까?

____

补充单词

공휴일 (名) 公休日	분위기 (名) 气氛，环境
장학금 (名) 奖学金	춤 (名) 舞蹈
추다 (他) 跳(舞)	장소 (名) 场所，地方
모르다 (他) 不知，不明白	입구 (名) 入口
곧장 (名) 一直，简直	변호사 (名) 律师
지리 (名) 地理	사이다 (名) 汽水
남대문 (名) 南大门	나오다 (自) 出来
똑바로 (副) 简直	출구 (名) 出口

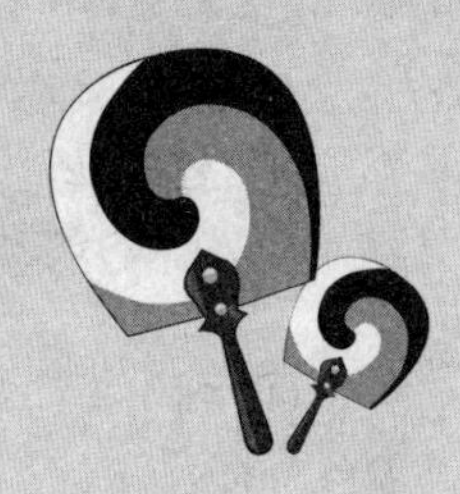

제29과

语法要点

A/V -아서/-어서/-여서
V -(으)려고 하다
A -게
못, A/V -지 못하다
N -에게서, N -한테서

巩固练习

1 选择适当的词填在空格处。

1) 철수 씨 그 동안 잘 (　　)어요?
① 살았　② 지냈　③ 갔　④ 수고했

2) 어제 학교에 가는 길에 (　　) 선생님을 만났어요.
① 자주　② 반드시　③ 우연히　④ 꾸준히

3) 날씨가 추워서 (　　) 옷을 입었어요.
① 귀여운　② 가늘은　③ 둥근　④ 두꺼운

4) 어제 저녁에 배가 (　　) 아팠어요. 그래서 병원에 갔어요.
① 편하게　② 우연히　③ 갑자기　④ 나쁘게

5) 지난 일요일에 미장원에 가서 머리를 (　　)요.
① 자르려 해　② 잘랐어　③ 잘라　④ 자르겠어

6) 친구는 나에게 책을 (　　).
① 빌려요　② 보아요　③ 빌려 줘요　④ 받아요

2 选择适当的助词填在空格处。

1) 편지를 (　　) 친구에게 보냅니다.
① 쓰고　② 쓰면서　③ 써서　④ 쓰려고

2) 어제 고향 친구(　　) 생일 선물을 받았어요.
① 에서　② 에게　③ 에게서　④ 에

3) 제 어머니는 음식을 맛있(　　) 만들어요.
① 는　② 게　③ 고　④ 이

4) 시간이 있으면 외국어를 배우(　　) 해요.
① 러　② 려고　③ 고　④ 면

5) 그 사람은 중국사람이에요. 그렇지만 한국어를 (　　) 해요.
① 안　② 못　③ 잘　④ 아주

3 仿照例句，完成句子。

보기: 주말, 재미있다, 친구, 놀다 ⇒ 주말에 친구들하고 재미있게 놀았어요.

1) 버스, 동전, 타다, 없다 ⇒____________________

2) 선생님, 아직, 받다, 연락, 못 ⇒____________________

3) 휴가, 같이, 가족, 이번, 제주도, 여행하다 ⇒____________________

4) 회식, 갑자기, 일, 가다, 생기다 ⇒____________________

5) 오후, 친구, 공항, 가다, 마중하다 ⇒____________________

4 仿照例句，完成对话。

보기: 가: 민영 씨, 혼자 밥을 해서 먹어요?
나: 아니요, 학교 식당에서 사서 먹어요.

1) 가: 민수 씨, 어디에 가요.
나:____________________

2) 가: 갑자기 머리도 아프고 열도 많이 나요.
나:____________________

3) 가: 민영 씨, 저녁에는 어디에서 식사할래요?
나: ____________________

4) 가: 추석 명절 집에서 혼자 지냈어요?
나: 아니오. ____________________

5) 가: 이 선물 그냥 선생님께 드립니까?
나: 아니오. ____________________

5 仿照例句，完成对话。

보기: 가: 선생님, 좀 크게 말씀해 주세요.
나: 네, 알겠습니다.

1) 가: 오늘 날씨 어떻습니까?
나: ____________________

2) 가: 수민 씨, 요즘도 많이 바빠요?
나: 네, ____________________

3) 가: 동진 씨는 주말에 일찍 일어나요?
나: 아니오. ____________________

4) 가: 여름 방학 어떻게 지냈어요?
나: ____________________

5) 가: 선생님, 이번 기말 시험 어려워요?
나: 아니오. ____________________

6 仿照例句，完成对话。

보기: 가: 저녁에 뭐 할 거예요?
나: 그냥 집에서 쉬려고 해요.

1) 가: 이번 주말에 뭘 할 거예요?
나: ____________________

2) 가: 은행에 뭘 하러 갑니까?
나: ____________________

3) 가: 졸업한 후에 바로 취직할 거예요?
나: 아니오. ____________________

4) 가: 민수 씨, 내일 집에서 쉽니까?
나: 아니오. ____________________

5) 거: 제주도에 혼자 여행갑니까?

나: 아니오. ____________________

7 仿照例句，完成对话。

보기: 가: 고향에 갔어요?
나: 아니오. 시간이 없어서 가지 못했어.

1) 가: 영민 씨, 현주 씨 결혼식에 가요?
나: ____________________

2) 가: 오후에 친구들과 같이 축구를 할까요?

나: ____________________

3) 가: 저에게 중국어 좀 가르쳐 줄래요?

나: ____________________

4) 가: 내일 일찍 일어나서 같이 조깅합시다.

나: ____________________

5) 가: 지연 씨 전화 받았어요?
나: 아니오. ____________________

8 仿照例句，完成对话。

보기: 가: 현주 씨한테서(에게서) 자주 연락이 와요.
나: 아니오. 오랫동안 소식이 없어요.

1) 가: 요리 참 잘 하네요.
나: ____________________

2) 가: 웬 꽃이에요?
나: ____________________

3) 가: 오늘 왜 그렇게 기분이 좋아요?
   나: ______________________________

4) 가: 무슨 전화가 그렇게 많아요?
   나: ______________________________

5) 가: 그 소설책 산 거예요?
   나: 아니오. ______________________________

9 改错。

1) 영민 씨, 식당에 가고 점심을 먹읍시다.

____

2) 철수 씨는 요즘 회사 일이 많아서 바쁜 지냅니다.

____

3) 어머니에게 전화를 걸으려고 전화카드를 샀어요.

____

4) 어제는 갑자기 머리가 아팠어서 집에서 쉬었어요.

____

5) 우리 어머니는 음식을 맛있는 잘 만듭니다.

____

6) 어제 한국 친구에게 생일 선물을 받았어요.

____

7) 약속 장소를 잘못 기억해서 친구를 만나지 않았어요.

____

10 翻译下列句子。

1) 前天和朋友去图书馆借了小说。

____

2) 今天家里有事，我想稍微早点儿回家。

____

3) 这是从在美国的亲戚那里得到的新年礼物。

____

4) 星期天来客人，请把房间打扫干净。

____

5) 下午公司里有重要的会议，所以不能参加聚会了。

____

提高练习

1 用“-고”或“-아서/어서/여서”连接两个句子。

1) 형은 신문을 봅니다. / 동생은 음악을 듣습니다.

____

2) 손님은 의자에 앉습니다. / 기다립니다.

____

3) 왕룡 씨는 한국에 갑니다. / 한국어를 배웁니다.

____

4) 나는 매일 세수를 합니다. / 잡니다.

____

5) 아버지에게 편지를 씁니다. / 부칩니다.

____

6) 여름은 덥습니다. / 겨울은 춥습니다.

____

7) 사람들은 줄을 섭니다. / 표를 삽니다.

____

8) 나는 고양이를 좋아합니다. / 동생은 개를 좋아합니다.

____

9) 지하철에 앉습니다. / 신문을 보는 사람이 많습니다.

____

2 用“-지 않아서”或“-지 못해서”连接两个句子。

1) 올해 여름에는 비가 옵니다. / 걱정입니다.

____

2) 요즘 잘 쉬다. / 많이 피곤합니다.

____

3) 외국사람은 한자를 읽다. / 신문을 보지 못합니다.

____

4) 중국어를 하다. / 많이 고생했습니다.

____

5) 시험이 어렵다. / 좋은 성적을 받았습니다.

____

6) 길 복잡하다. / 친구 집을 쉽게 찾았습니다.

____

7) 기차표를 사다. / 버스로 고향에 갑니다.

____

8) 물건이 좋다. / 사는 사람이 적습니다.

____

3 阅读并回答问题。

문장 1:

지난 주말에 우리 반 학생들은 선생님과 같이 교외에 있는 산에 올라갔습니다. 날마다 머리가 복잡하고 기분이 좋지 않았습니다. 그렇지만 산에 올라 가니 기분이 참 좋았습니다. 학생들은 맛있는 햄버거와 음료수를 가져 오고 선생님은 김밥과 김치를 가져왔습니다. 산에 올라갈 때, 무거운 것은 남학생이 들고 가벼운 것은 여학생들이 들었습니다.

산 위에 올라 가서 노래도 하고 춤도 추고 이야기도 했습니다. 산에서 점심을 먹으니까 더 맛있었습니다. 산에서 내려올 때는 다른 길로 내려왔습다. 그 길은 좋지 않아서 내려오기가 좀 어려웠습니다.

1) 산에 오르니 기분이 어땠습니까?

____

2) 우리는 점심에 무엇을 먹었습니까?

____

3) 우리는 산에서 무엇을 했습니까?

____

문장 2:

나는 지난 주 목요일에 한국에서 처음으로 여행을 했습니다. 한국인 친구 영민 씨와 2박 3일 동안 제주도를 구경했습니다. 제주도는 한국의 남쪽에 있는 섬인데 서울에서 비행기로 40분쯤 걸립니다. 제주도에는 볼 것이 많습니다. 영민 씨와 나는 해변에 있는 호텔에 묵었습니다.

첫날에 우리는 유명한 관광지를 구경했습니다. 폭포에도 가고 동굴에도 갔습니다. 그리고 맛있는 생선회도 먹었습니다. 이튿날에는 한라산에 올라갔습니다. 한라산에서 본 제주도는 정말 아름다웠습니다. 한라산에서 내려와 박물관과 민속촌에도 갔습니다. 마지막 날에 우리는 서울로 돌아오기 전에 친구들에게 줄 선물을 샀습니다. 귤과 돌하루방을 샀습니다.

짧은 여행이었지만 아주 즐거웠습니다. 내년에 시간이 있으면 다시 한번 제주도에 가고 싶습니다.

1) 우리는 어디에 묵었습니까?

____

2) 제주도는 어디에 있습니까? 서울에서 얼마나 멉니까?

____

3) 우리는 어디 어디를 구경했습니까?

____

补充单词

줄을 서다 (词组) 排队	걱정 (名) 担心
한자 (名) 汉字	들다 (他) 抬，拎
내려오다 (自) 下来	추석 (名) 中秋节
명절 (名) 节日	지내다 (自) 度过，过日子
조깅 (名) 晨练	그저께 (名) 前天
친척 (名) 亲戚	처음 (名) 第一次
2박 3일 (名) 三天两夜	섬 (名) 岛
묵다 (自) 住	관광지 (名) 旅游胜地
해변 (名) 海边	폭포 (名) 瀑布
동굴 (名) 山洞	생선회 (名) 生鱼片
첫날 (名) 第一天	이튿날 (名) 第二天
민속촌 (名) 民俗村	마지막 (名) 最后
돌하루방 (名) 石头爷爷	

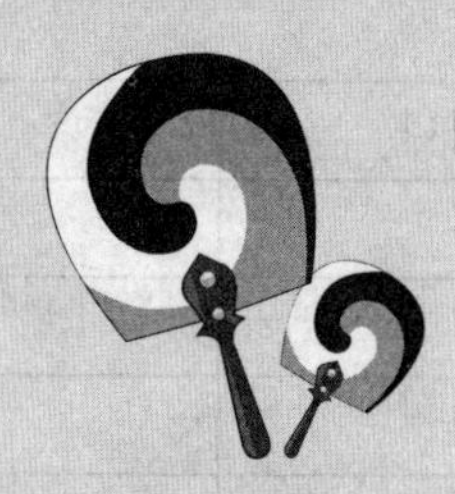

제30과

语法要点

동사의 관형형
V -(으)려면
짜리
V -는 데(에) (금액) 들다
"ㄹ"불규칙동사

巩固练习

1 选择适当的词填在空格处。

1) 내일부터는 좀 (　　) 일찍 오세요.
① 덜　　② 빨리
③ 더　　④ 미리

2) 한국어는 (　　) 어렵지 않으니까 열심히 하면 잘 할 수 있어요.
① 좀　　② 그냥
③ 아주　　④ 별로

3) 이 소포를 한국으로 (　　)려고 하는데 요금이 얼마입니까?
① 부치　　② 붙이
③ 주　　④ 빌리

4) 이것은 요즘 유행하는 스타일이에요. 그래서 잘 (　　).
① 팔아요　② 팔려요　③ 팝니다　④ 파세요

5) 친구가 이해해 주지 않아서 좀 (　　)어요.
① 섭섭했　② 기뻤　③ 시원했　④ 즐거웠

2 完成下列表格中的“ㄹ”不规则音变。

동사	십시오	ㅂ니다	는
걸다			
빨다			
밀다			
벌다			
살다			
쓸다			
졸다			
덜다			
풀다			
빌다			
팔다			
만들다			
열다			

3 仿照例句，完成句子。

보기: 어제, 학생, 안, 많다, 오다 ⇒ 어제 학교에 온 학생이 안 많아요.

1) 같이, 주말, 재미있다, 아주, 친구, 보내다 ⇒______________________

2) 벌다, 열심히, 돈, 많이, 일하다 ⇒______________________

3) 취직하다, 졸업하다, 한국회사, 생각이다 ⇒______________________

4) 편지, 들다, 영국, 보내다, 돈, 얼마나 ⇒______________________

5) 서울, 한국 인구, 사람, 살다, 1/4 차지하다 ⇒______________________

4 仿照例句，完成对话。

보기: 가: 김 선생님을 만나고 싶어요.
나: 김 선생님을 <u>만나려면</u> 사무실에 가 보세요.

1) 가: 부산에 가려고 합니다. 뭘 타야 합니까?
나: ________________

2) 가: 중국어를 잘 배우려고 합니다. 무슨 좋은 방법이 없어요?
나: ________________

3) 가: 대학교 때 친구를 많이 사귀고 싶어요.
나: ________________

4) 가: 다이어트를 하려고 합니다. 어떻게 해야 합니까?
나: ________________

5) 가: 비행기표를 사려고 합니다. 어디에 가야 합니까?
나: ________________

5 仿照例句，完成对话。

> 보기: 가: 한국에 물건 값이 많이 비싸요?
> 나: 네, 두 사람이 영화 한 편 보는 데에 15,000원 들어요.

1) 가: 한국에서 공부하는 데에 돈이 많이 들어요?
나: ________________

2) 가: 고향에서 서울까지 교통비 얼마 들어요?
나: ________________

3) 가: 중국요리를 먹으면 돈이 많이 들지요?
나: ________________

4) 가: 한국에 전화하면 1시간에 돈이 얼마 들어요?
나: ________________

5) 가: 피아노를 배우는 데 한 달에 얼마입니까?
나: ________________

6 改错。

1) 김 선생님은 오늘 빨강은 넥타이를 매셨어요.

____

2) 지난 주에 배우는 단어를 잊어버렸어요.

3) 이 시간에는 차가 많이 막힙니다. 빨리 가면 택시를 타십시오.

4) 시장에는 물건을 팔는 사람과 사는 사람이 많습니다.

5) 나는 서울에서 살고 부모님은 부산에서 살습니다.

7 翻译下列句子。

1) 上次我们一起看的电影名字是什么？

2) 如果想去韩国留学的话，现在就得准备材料。

3) 这个地方第一次来，所以也没有认识的人。

4) 去欧洲旅游需要多少钱？

5) 要想出国的话需要办很多手续。

提高练习

1 用动词定语形连接句子。

1) 그 영화를 보고 울었어요. / 사람이 많습니다.

2) 지금 전화를 하고 있어요. / 그 분이 우리 선생님이에요.

3) 시내에서 고향 친구를 만나겠어요. / 약속이 있어요.

4) 그 식당에서 먹었어요. / 음식이 참 맛있어요.

___

5) 김치를 좋아해요. / 외국사람이 많아요?

___

6) 내일 아침에 입겠어요. / 옷이 없어요.

___

7) 그 여자는 언제나 웃습니다. / 얼굴입니다.

___

8) 태권도를 배우겠어요. / 학생이 몇 명입니까?

___

9) 어제 만났습니다. / 그 사람의 이름을 잊어 버렸어요.

___

10) 어제 길에서 들었어요. / 그 노래가 듣고 싶어요.

___

2 仿照例句，用"ㄹ"不规则音变完成下列句子。

보기: 이 그림을 저 쪽 벽에 (거세요). (걸다, -세요)

1) 저는 지금 학교 기숙사에서 (　　　). (살다, -ㅂ니다)

2) 지하철을 타면 아무 말없이 (　　　) 사람 때문에 화가 나요. (밀다, -는)

3) 시간이 얼마 안 남았어요. 시험 문제를 빨리 (　　　). (풀다, -십시오)

4) 저는 여기에 (　　　) 사람이 별로 없어요. (알다, -는)

5) 날이 더우니까 그 창문을 좀 (　　　). (열다, -십시오)

6) 아이들이 운동장에서 재미있게 (　　　). (놀다, -ㅂ니다)

7) 된장찌개를 좋아하는데 (　　　) 방법 가르쳐 주세요. (만들다, -는)

8) 아침에 지하철을 타면 차 안에서 (　　　) 사람을 많이 볼 수 있어요. (졸다, -는)

9) 마당에 눈이 많이 쌓였어요. 그 눈을 (　　　). (쓸다, -십시오)

3 根据下列情况编写对话。

1) 미국으로 소포를 부칩니다. 빠른 우편을 이용합니다.

손님: ____________________

직원: ____________________

손님: ____________________

직원: ____________________

손님: ____________________

직원: ____________________

손님: ____________________

직원: ____________________

손님: ____________________

직원: ____________________

2) 소포가 배달되지 않았습니다. 그래서 우체국에 가서 직원에게 문의합니다.

손님: ____________________

직원: ____________________

손님: ____________________

직원: ____________________

손님: ____________________

직원: ____________________

손님: ____________________

직원: ____________________

손님: ____________________

직원: ____________________

손님: ____________________

직원: ____________________

4 阅读并回答问题。

영호 씨는 지난 겨울방학에 동대문 우체국에서 아르바이트를 했습니다. 12월에는 사람들이 편지나 소포를 많이 보내기 때문에 우체국이 아주 바쁩니다. 특히 크리스마스 카드와 선물이 많습니다.

날마다 아침 8시 반에 우체국에 가서 오후 5시까지 일을 했습니다. 주로 외국으로 보내는 해외 우편을 분류하는 일을 했습니다. 영호 씨는 한 달 동안 일을 해서 첫 월급을 받았습니다. 처음으로 번 돈이기 때문에 정말 기분이 좋았습니다.

한국사람들은 첫 월급으로 부모님께 속옷을 사 드립니다. 그래서 영호 씨도 부모님께 드리려고 속옷을 샀습니다. 영호 씨는 선물을 예쁘게 포장해서 부모님께 드렸습니다. 부모님께서 아주 기뻐하셨습니다.

1) 윗글의 내용과 같으면 ○, 틀리면 ×를 하십시오.
① 영호 씨는 매일 밤 8시까지 일을 했습니다. (　　)
② 영호 씨는 우체국에서 편지를 배달했습니다. (　　)
③ 영호 씨는 지난 겨울방학에 첫 월급을 받았습니다. (　　)
④ 영호 씨는 첫 월급으로 여자 친구의 선물을 샀습니다. (　　)

2) 12월에는 우체국에 왜 일이 많습니까?

____

3) 영호 씨는 첫 월급을 받아서 무엇을 했습니까? 왜 그렇게 했습니까?

____

补充单词

풀다 (他) 解，解开	밀다 (他) 推
놀다 (他) 玩，玩耍	태권도 (名) 跆拳道
졸다 (自) 打瞌睡	쓸다 (他) 扫
아르바이트 (名) 勤工俭学	크리스마스(名) 圣诞节
우편 (名) 邮件	해외 (名) 国外，海外
분류하다 (他) 分类	월급 (名) 工资
벌다 (他) 赚(钱)，挣	속옷 (名) 内衣
포장하다 (他) 包装	차지하다 (他) 占，占据
사귀다 (他) 交，交往	피아노 (名) 钢琴
출국수속 (名) 出国手续	유럽 (名) 欧洲
언제나 (副) 总是，一直	얼굴 (名) 脸

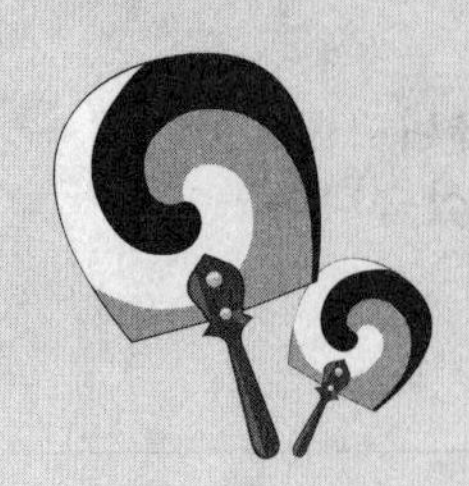

第三单元测试题

题号	1	2	3	4	5	6	7	8	总分
满分	10	10	10	15	20	10	20	5	100
得分									

听解部分

1 听下面的对话，选择可以衔接的句子。

1) (　　　)
① 네, 3층에 있어요.　② 아니오, 2층으로 가세요.
③ 네, 여자 옷도 2층에서 팔아요.

2) (　　　)
① 네, 무슨 음식도 괜찮아요.　② 우리 식당은 냉면이 맛있어요.
③ 음식이 맛있어서 손님이 많아요.

3) (　　　)
① 그래요? 나도 겨울을 좋아해요.　② 겨울은 너무 추워요.
③ 겨울에는 눈싸움을 해요..

4) (　　　)
① 전화 잘 못 걸었습니다.　② 선생님 내일 출장 갑니다.
③ 아직 집에 안 돌아 왔는데요.

5) (　　　)
① 아니요, 별로 바쁘지 않았습니다.　② 별로 바쁘지 않았습니다.
③ 회사 일이 많아서 좀 바빴습니다.

2 听录音判断对错。

1) 오늘은 휴일이 아닙니다. (　　　)

2) 우리는 점심을 먹고 서점에 갔습니다. (　　　)

3) 서점에는 새 책이 많지 않았습니다. (　　　)

4) 나는 영어 책을 사고 동생은 한국어 책을 샀습니다. (　　　)

5) 오늘 우리는 책만 샀습니다. (　　　)

3 听下面的内容回答问题。

텍스트 1

1) 이 사람은 부산과 제주도에 무엇을 타고 갔습니까? (2점)

2) 이 사람은 왜 날마다 바닷가에 갑니까? (2점)

3) 진수 씨와 언제 어디에서 만납니까? (2점)

텍스트 2

1) 용진 씨의 병 증세는 어떻습니까? (2점)

2) 선생님께 무엇이라고 전화를 했습니까? (2점)

词法 · 词汇 · 阅读部分

4 选词填空。

1) 아버지는 (　　　) 집에 안 돌아왔는데요.
① 아까　② 다시　③ 아직　④ 잠시

2) 어제 모임은 (　　　) 재미 있었습니다.
① 무척　② 벌써　③ 바로　④ 그냥

3) 내 동생은 (　　　) 치마를 입고 있습니다.
① 짧은　② 높은　③ 작은　④ 무거운

4) 저기 안경은 (　　　) 남자가 우리 선생님입니다.
① 신은　② 맨　③ 낀　④ 입은

5) 얼굴은 크고 (　　　) 그리고 팔은 길게 그리십시오.
① 가늘게　② 둥글게　③ 뾰족하게　④ 짧게

6) 코끼리를 좋아하는데 코끼리가 없어서 아주 (　　　).
① 조용해요　② 친절해요　③ 귀여워요　④ 섭섭해요

7) 손님, 이 편지봉투에 우표 2장을 ( )십시오.
① 부치 ② 붙이 ③ 묶으 ④ 빌리

8) 고려대 병원은 ( ) 지하철 역 옆에 있습니다.
① 똑바로 ② 근처 ③ 바로 ④ 그냥

9) 동전을 넣은 후에 수화기를 들고 버튼을 ( )십시오.
① 자르 ② 누르 ③ 고르 ④ 끊으

10) 노란색 티셔츠는 그 바지하고 ( ) 않습니다.
① 날씬하지 ② 어울리지 ③ 들지 ④ 성실하지

5 选择适当的填空。

1) 그 책은 어제 친구( ) 빌려 왔습니다.
① 에서 ② 에게 ③ 에게서 ④ 한테

2) 저기 앞에 양복을 입고 ( ) 분이 장 선생입니다.
① 있은 ② 있는 ③ 있을 ④ 있던

3) 지금은 택시( ) 지하철이 더 빠를 거예요.
① 보다 ② 도 ③ 만 ④ 까지

4) 축구는 보는 것보다 직접 ( ) 좋아요.
① 하는 것을 ② 하는 것이 ③ 하는 것도 ④ 하는 것만

5) 똑바로 가( ) 사거리가 나오면 왼쪽으로 가세요.
① 면 ② 는데 ③ 다가 ④ 으면

6) 그 소식은 누구( ) 들었어요?
① 께서 ② 에게 ③ 한테서 ④ 께

7) 어제는 친구를 ( ) 같이 영화를 한 편 보았습니다.
① 만나고 ② 만나면 ③ 만나서 ④ 만나면서

8) 몇 년 전에 산 자동차를 ( ) 어디에 가야 합니까?
① 팔면 ② 팔으면 ③ 팔려면 ④ 팔으려면

9) 아마 다음 주에는 우리 학교도 수업을 하지 ( ).
① 않는다 ② 않을 것이다 ③ 않으면 좋다 ④ 않을래요

10) 모르면 영호 씨에게 물어보세요. 영호 씨가 ( ) 가르쳐 줘요.
① 쉽게 ② 쉬운 ③ 쉽기 ④ 쉬워서

6 改错。

1) 반찬이 너무 달시면 다른 것으로 바꾸세요.

2) 오후 회의에 늦지 않으면 지금 나가는 것이 좋겠습니다.

3) 요즘 너무 피곤하면 오늘은 집에서 쉬려고 합니다.

4) 친구가 빌려 준 책을 너무 재미있이 봤습니다.

5) 아버지께 드릴 선물을 하나 사려면 백화점에 갈 겁니다.

7 将下列句子翻译成韩国语或汉语。

1) 在韩国旅游一次要花多少钱？

2) 如果不想迟到的话，现在就得出发。

3) 突然有事，明天不能去济州到旅行了。

4) 公司里有很多事情，最近我挺忙的。

5) 那个漂亮的围巾是从朋友那儿得到的礼物。

6) 一直向前走，看到天桥后， 向左拐就到了。

7) 今天家里有事，明天见面怎么样？

8) 손님은 날씬해서 짧은 치마가 잘 어울릴 거예요.

9) 일주일 전에 이사했는데 새 전화번호를 좀 가르쳐 주십시오.

____

10) 점심에 밖에서 축구를 해서 수업 시간에 조는 학생이 많았습니다.

____

8 阅读并回答问题。

선물을 고를 때 고민을 하지만 좋은 생각이 나지 않을 때가 많습니다. ①그 때 나는 책을 선물합니다. 책을 선물하면 좋은 점이 많습니다. 먼저 다른 선물에 비해서 비싸지 않습니다. 그리고 책에 축하 인사말을 쓸 수 있습니다. 또한 내가 보고 싶은 책을 선물했을 때는 빌려 볼 수도 있습니다. ②이 외에도 책을 선물하면 오래 남는 장점이 있습니다.

1) ①을 정확하게 설명한 것은 어느 것입니까? (2점)
ㄱ: 선물을 고를 때　　　　ㄴ: 선물이 생각나지 않을 때
ㄷ: 좋은 책이 있을 때　　　ㄹ: 책이 마음에 들 때

2) ②를 맞게 바꾸어 쓴 것은 어느 것입니까? (2점)
ㄱ: 이 한 가지　　　　ㄴ: 이 두 가지
ㄷ: 이 세 가지　　　　ㄹ: 이 네 가지

3) 윗글의 내용과 같은 것은 무엇입니까? (1점)
ㄱ: 돈이 많이 드니까 책을 선물합니다.
ㄴ: 책은 작아서 잘 잃어버립니다.
ㄷ: 책에 그림을 그릴 수 있어서 좋습니다.
ㄹ: 책을 선물하면 빌려 볼 수 있어서 좋습니다.

한국어능력시험 (1)

※ [1~3] 〈보기〉와 같이 연결된 것을 고르십시오. (각 3점)

〈보기〉
앞 - 뒤
① 위 - 아래　② 사이 - 옆
③ 가운데 - 안　④ 밑 - 밖

1. 오전 - 오후
① 왼쪽 - 오른쪽　② 동생 - 친구
③ 사진 - 책　④ 다리 - 발

2. 닫다 - 열다
① 타다 - 보다　② 주다 - 듣다
③ 알다 - 모르다　④ 쉬다 - 자다

3. 있다 - 없다
① 많다 - 싸다　② 멀다 - 가깝다
③ 다르다 - 크다　④ 길다 - 나쁘다

※ [4~6] 〈보기〉와 같이 밑줄 친 것과 같은 것을 고르십시오. (각 3점)

〈보기〉
가: 민수 씨가 요즘 시간이 없어요?
나: 민수 씨는 항상 시간이 없어요.
① 언제나　② 늦게
③ 모두　④ 빨리

4. 가: 매일 영어를 가르치세요?
나: 아니오, 수요일에만 가르쳐요.
① 주로　② 날마다　③ 때때로　④ 자주

5. 가: 지금 뭐 하세요?
나: 신문을 보고 있어요.
① 기다리고 있어요.　② 만들고 있어요.
③ 배우고 있어요.　④ 읽고 있어요.

6. 가: 어디 가세요?
나: 편지를 부치러 우체국에 가요.
① 쓰러　② 받으러　③ 보내러　④ 연락하러

※ [7~11] 〈보기〉와 같이 연결된 것을 고르십시오. (각 3점)

〈보기〉

가: 사진을 찍었어요?
나: 아니오.
① 운동 - 들었어요　② 책 - 읽었어요
③ 음악 - 물었어요　④ 시험 - 만났어요

7. 가: 무슨 운동을 좋아하세요?
나: 수영을 좋아해요.
① 요일 - 토요일　② 계절 - 아침　③ 색깔 - 언니　④ 음식 - 가을

8. 가: 이 노래 어때요?
나: 좋아요. 한번 들어 보세요.
① 피아노 - 입어 보세요　② 구두 - 타 보세요
③ 안경 - 써 보세요　④ 자동차 - 마셔 보세요

9. 가: 책을 두 권 더 살까요?
나: 좋아요. 학교 앞 서점에서 삽시다.
① 공책 - 것 - 문구점　② 우표 - 장 - 우체국
③ 옷 - 곳 - 가게　④ 사과 - 마리 - 시장

10. 가: 배 고파요.
나: 그래요? 그럼 식사합시다.
① 바빠요 - 여행합시다　② 이거 비싸요 - 시작합시다
③ 방이 더러워요 - 청소합시다　④ 길을 잘 몰라요 - 운동합시다

11. 가: 음식 맛이 어때요?
나: 맛있어요.
① 키 - 좁아요　② 나이 - 길어요
③ 집 - 매워요　④ 시험 - 어려워요

※ [12~14] 〈보기〉와 같이 (　　)안에 맞는 것을 고르십시오. (각 3점)

〈보기〉

가: 시내 교통이 어때요?
나: (　　　　　)
① 따뜻해요　② 아파요　③ 복잡해요　④ 짧아요

12. 가: 방이 너무 춥지요?
나: 좀 추워요. 문을 (　　　　　　)?
가: 네, 고맙습니다.
① 구경할까요　② 찍을까요　③ 닫을까요　④ 드릴까요

13. 가: 음악이 (　　　　　　　　　　)?
나: 아니오, 괜찮아요.
① 시끄럽지요　　② 따뜻하지요　　③ 친절하지요　　④ 아름답지요

14. 가: 여기서 시내에 (　　　　　　　　　　) 버스가 있습니까?
나: 없습니다.
① 찾는　　② 운전하는　　③ 오는　　④ 가는

※ [15~17] 〈보기〉와 같이 (　　) 안에 맞는 것을 고르십시오. (각 3점)

〈보기〉
가: 영수 씨 (　　) 아세요?
나: 네, 잘 알아요.
①-를　　② -한테　　③ -로　　④ -에

15. 가: 사장님 방이 어디에요?
나: 왼쪽 (　　　　) 가세요.
① -이　　② -으로　　③ -마다　　④ -한테서

16. 가: 방(　　　　) 사람이 많아요?
나: 네, 많아요.
① -에　　② -에서　　③ -을　　④ -한테

17. 가: 순미 씨가 지금 누구(　　　　) 전화했어요?
나: 잘 모르겠어요.
① -도　　② -가　　③ -를　　④ -한테

※ [18~20] 〈보기〉와 같이 (　　) 안에 맞는 것을 고르십시오. (각 3점)

〈보기〉
가: 어제 뭐 했어요?
나: (　　　　　　　　　　).
① 친구를 만나고 있어요.　　② 친구를 만나요
③ 친구를 만났어요　　④ 친구를 만날 거예요

18. 가: 부산에 뭐 타고 갈까요?
나: 기차를 타고 (　　　　　　　　　　).
① 갔어요　　② 가는 것 같아요　　③ 갑시다　　④ 가고 있어요

19. 가: 시험 끝난 다음에 뭐 했어요?
나: 시험이 (　　　　　　　　), 커피 마시러 갔어요.
① 끝나고　　② 끝날 때　　③ 끝났지만　　④ 끝나기 전에

20. 가: 왜 오늘은 (　　　　　　　　　　)?
나: 피곤해서 산책하지 않았어요.

① 안 산책했어요　　② 산책 안 했어요
③ 산책할 거예요　　④ 산책하겠어요

※ [21~22] 〈보기〉와 같이 틀린 것을 찾아 고치십시오. (각 4점)

〈보기〉
①저는 요즘 할 일이 ②많아서 운동을 ③하고 ④있습니다.
답: (하지)

21. 요즘은
① 날씨가 이상합니다.　　② 어제까지는
③ 따뜻하면 오늘은 아주　　④ 춥습니다.

22. 저는 주말을
① 재미있게 보냈습니다.　　② 여자 친구와 극장에 가서
③ 영화를 본 후에　　④ 자전거를 탈 겁니다.

※ [23~24] 다음 글을 읽고 질문에 답하십시오. (각 4점)

여러분은 한국의 남대문시장을 아십니까? 남대문시장은 한국을 여행하는 외국사람들이 아주 좋아하는 곳입니다. 왜냐하면 싸고 (ⓐ) 물건들이 아주 많기 때문입니다. 여러분도 남대문시장에 꼭 (ⓑ).

23. ⓐ에 맞는 것을 고르십시오.
① 좋는　　② 존　　③ 좋던　　④ 좋은

24. ⓑ 에 맞는 것을 고르십시오.
① 만나세요　　② 오지 마세요　　③ 가 보세요　　④ 봅시다

※ [25~27] 다음 글을 읽고 질문에 답하십시오. (각 4점)

순이: 영수 씨, 지금 (ⓐ) 구두 멋있어요. 어디에서 샀어요?
영수: 제가 (ⓑ). 어제 아내한테서 생일 선물로 받은 거예요.
순이: 어제가 생일이었어요? 지났지만 생일 축하해요.
영수: 고맙습니다.
순이: 생일에 뭐 했어요?
영수: 집에서 아이들 (ⓒ) 지냈어요.

25. ⓐ에 맞는 것을 고르십시오.
① 신고 있는　　② 쓰고 있는　　③ 입고 있는　　④ 하고 있는

26. ⓑ에 맞는 것을 고르십시오.
① 사지 않았어요　　② 사면 좋아요　　③ 사려고 해요　　④ 사려고 갔어요

27. ⓒ에 맞는 것을 고르십시오.
① -하고　　② -을　　③ -한테　　④ -마다

※ [28~30] **다음 글을 읽고 질문에 답하십시오. (각 4점)**

철수: 영희 씨, 어제 음악회에 왜 안 왔어요?
영희: 정말 (ⓐ), 갈 수 없었어요.
철수: 왜요?
영희: 어제 오후 (ⓑ) 배가 많이 아파서 집에 있었어요.
철수: 그래요? 지금은 괜찮아요?
영희: 조금 좋아졌어요.
철수: 영희 씨 주려고 시원한 콜라를 샀는데, 먹을 수 없지요?
영희: 네, (ⓒ) 아직은 안 돼요.

28. ⓐ에 맞는 것을 고르십시오.
① 가기 싫어서 ② 가서 들으려고 ③ 가고 싶었지만 ④ 가지 않으려고

29. ⓑ에 맞는 것을 고르십시오.
① -부터 ② -에서 ③ -로 ④ -가

30. ⓒ에 맞는 것을 고르십시오.
① 어렵지만 ② 싱겁지만 ③ 맛없지만 ④ 고맙지만

※ [31~32] **〈보기〉와 같이 밑줄 친 부분은 고치십시오. (각 2점)**

〈보기〉
가: 추워요?
나: 아니오, <u>덥워요.</u>
답: (더워요)

31. 가: 무엇을 만드세요?
나: 불고기를 <u>만드러요</u>.
답: ( )

32. 가: 이 문제가 어려워요. <u>좀 도와 주세요</u>.
나: 네.
답: ( )

※ [33~37] **〈보기〉와 같이 ( ) 안에 맞는 것을 고르십시오. (각 3점)**

〈보기〉
가: 한국에 왜 왔어요?
나: ( ).
① 한국어를 배웠어요 ② 한국어는 좋아요
③ 한국어는 너무 어려워요 ④ 한국어를 공부하러 왔어요 (④ 정답 표시)

33. 가: 어서 오세요. 뭐 드릴까요?
나: 우유 하나 주세요.
가: ( ).

① 괜찮아요 ② 안녕히 가세요 ③ 여기 있습니다 ④ 어떻게 오셨어요

34. 가: 제 우산 어디에 있어요?
나: (   ).
① 비가 왔어요 ② 아주 비쌌어요
③ 아무도 없었어요 ④ 책상 위에 있어요

35. 가: 왜 요즘은 운동을 안 하세요?
나: (   ).
① 시간이 많아서 안 해요 ② 테니스를 좋아해요
③ 운동이 건강에 좋아요 ④ 시간이 없어서 못 해요

36. 가: 언제 영수 씨를 만났어요?
나: (   ).
① 얘기하려고 만났어요 ② 점심 시간에 만났어요
③ 기분이 좋아서 만났어요 ④ 부탁이 있어서 만났어요

37. 가: 집이 회사에서 멀어요?
나: (   ).
① 잘 모르겠어요 ② 회사까지 걸어서 와요
③ 회사까지 두 시간 걸려요 ④ 회사에서 계속 일해요

※ **[38~41] 〈보기〉와 같이 (   ) 안에 맞는 말을 고르십시오. (각 3점)**

〈보기〉
가: (   )?
나: 백화점에 가려고 해요.
① 어제 뭐 했어요 ② 언제 백과점에 갔어요
③ 오늘 뭐 할 거예요 ④ 왜 백화점에 가요

38. 가: (   )?
나: 영희 씨요? 저기 오는 사람이에요?
① 영희 씨가 왔어요 ② 영희 씨가 뭐예요
③ 누가 영희 씨예요 ④ 영희 씨가 좋아요

39. 가: (   )?
나: 아니오, 한 분만 오세요.
① 운전할 수 있어요 ② 차가 몇 대 있어요
③ 차를 살 수 있어요 ④ 우리 모두 탈 수 있어요

40. 가: (   )?
나: 미안해요. 제가 볼 거예요.
① 이 책을 빌릴 거예요 ② 이 책 좀 빌려 주세요
③ 이 책이 어렵지 않아요 ④ 이 책 다섯 권에 얼마예요

41. 가: (   )?
나: 혼자 살아요.
① 어디까지 갈까요　　② 어디에서 살아요
③ 누구하고 같이 살아요　　④ 누구한테 줬어요

※ [42~45] 〈보기〉와 같이 (　　) 안에 맞는 말을 고르십시오. (각 4점)

〈보기〉

가: 오늘 점심 같이 먹을까요?
나: (   )
가: 내일은 갈 수 있어요?
나: 내일은 괜찮아요.
① 왜요?　　② 어디 가세요?
③ 오늘은 안 돼요.　　④ 고마워요.

42. 가: 계속해서 일을 해서 너무 피곤해요.
나: (   )?
가: 좋아요. 커피 한 잔 합시다.
① 그 동안 뭐 할까요　　② 그럼 잠깐 쉴까요
③ 그래서 집에 갈까요　　④ 그럼 어디에서 일할까요

43. 가: 여기에서 가까운 지하철역이 어디입니까?
나: (   )
가: 고맙습니다.
① 어디로 가세요?　　② 지하철로 갈아타십시오.
③ 이 길로 조금만 가면 나와요.　　④ 왜 지하철을 타려고 합니까?

44. 가: 졸업하고 뭐 할 거예요?
나: (   ).
가: 어느 나라에 갈 거예요?
나: 아직 모르겠어요.
① 졸업하고 생각할 거예요　　② 졸업은 못 할 것 같아요
③ 외국에서 공부하려고 해요　　④ 시내 사진관에서 일하기로 했어요

45. 가: 실례합니다. 영수 있어요?
나: (   ).
가: 언제 돌아와요?
나: 금방 올 거예요
① 영수 안 와요　② 가르쳐 주세요　③ 바꾸려고 해요　④ 잠깐 나갔어요

※ [46~47] 〈보기〉와 같이 문장을 만드십시오. (각 3점)

〈보기〉

나는, 갑니다, 식당에
나는 식당에 갑니다.

46. 나는 다음에, 저녁을, 마셨습니다, 먹은, 커피를
나는____

47. 어제, 못, 학교에, 아파서, 갔습니다
어제____

※ [48~51] 〈보기〉와 같이 두 문장을 바르게 연결한 것을 고르십시오. (각 3점)

〈보기〉
집에 갔습니다. 쉬었습니다.
① 집에 가러 쉬었습니다. ② 집에 가서 쉬었습니다.
③ 집에 가면 쉬었습니다. ④ 집에 가는 쉬었습니다.

48. 영미 씨 방은 깨끗합니다. 영미 씨 방은 넓습니다.
① 영미 씨 방은 깨끗하고 넓습니다 ② 영미 씨 방은 깨끗하면 넓습니다
③ 영미 씨 방은 깨끗한데 넓습니다 ④ 영미 씨 방은 깨끗하지만 넓습니다

49. 다리가 아팠습니다. 앉았습니다.
① 다리가 아프고 앉았습니다 ② 다리가 아파서 앉았습니다
③ 다리가 아프러 앉았습니다 ④ 다리가 아프지만 앉았습니다

50. 더 자고 싶었습니다. 일찍 일어났습니다.
① 더 자고 싶고 일찍 일어났습니다
② 더 자고 싶었어서 일찍 일어났습니다
③ 더 자고 싶으니까 일찍 일어났습니다
④ 더 자고 싶었지만 일찍 일어났습니다

51. 잘 몰라요? 저한테 물어 보세요.
① 잘 몰라서 저한테 물어 보세요 ② 잘 모르면 저한테 물어 보세요
③ 잘 모르고 저한테 물어 보세요 ④ 잘 모르려고 저한테 물어 보세요

※ [52~54] 〈보기〉와 같이 ( ) 안에 맞는 말을 고르십시오. (각 3점)

〈보기〉
저는 커피를 마시면 잠을 잘 못 잡니다. 그런데 오늘은 일찍 자고 싶습니다. 그래서 ( )
① 커피를 많이 마시겠습니다. ② 커피를 사려고 합니다.
③ 커피를 안 마실 겁니다. ④ 커피를 드릴까요?

52.

여행을 가려고 합니다. 여행에 필요한 물건들을 가방에 많이 넣었습니다. 그래서 ( ).

① 여행 가방이 가볍습니다 ② 여행 가방을 살 수 없었습니다.

③ 여행 가방이 무겁습니다 ④ 여행 가방이 아주 비쌌습니다

53.

눈이 많이 왔습니다. 그래서 길이 위험했습니다. 그렇지만(   ).

① 저는 밖에 나갔습니다 ② 저는 집에만 있었습니다
③ 저는 집에서 쉬었습니다 ④ 저는 나갈 수 없었습니다

54.

어제는 아주 피곤했습니다. 그래서 집에 일찍 가서 목욕을 했습니다. 그리고 (   ).

① 잠을 잤습니다 ② 집에 못 갔습니다
③ 버스에서 내렸습니다 ④ 친구를 소개했습니다

※ **[55~56] 다음 글을 읽고 질문에 답하십시오. (각 4점)**

영미: 민수 씨, 이 회사에서 (ⓐ) 일했어요?
민수: 두 달쯤이요.
영미: 그럼 여기에서 (ⓑ) 뭐 했어요?
민수: 학생이었어요.

55. ⓐ에 맞는 것을 고르십시오.
① 똑바로 ② 얼마나 ③ 어떻게 ④ 나중에

56. ⓑ에 맞는 것을 고르십시오.
① 일하기 전에 ② 오고 싶어서 ③ 온 전에 ④ 가려고

※ **[57~58] 다음 글을 읽고 질 문에 답하십시오.**

운전사: 어서 오세요. 어디로 가십니까?
손님: 종로요.
운전사: 알겠습니다. 손님은 외국분이에요?
손님: 네.
운전사: (ⓐ) ?
손님: 일본사람이에요.
운전사: (ⓑ) ?
손님: 아니오, 일 때문에 출장 왔어요.

57. ⓐ에 맞는 것을 고르십시오. (3점)
① 어느 나라에 가세요 ② 일본에서 왔어요
③ 한국에서 살아요 ④ 어디에서 오셨어요

58. ⓑ에 맞는 것을 고르십시오. (4점)
① 왜 오셨어요 ② 언제 오셨어요 ③ 여행 오셨어요 ④ 출발하셨어요

※ [59~60] **다음 글을 읽고 질문에 답하십시오. (각 4점)**

손님: 아주머니, 아이들 옷 있어요?
아주머니: 있어요. 아이가 (ⓐ) ?
손님: 열 살이에요.
아주머니: 이 옷 어때요? 요즘 아이들이 많이 입는 옷이에요.
손님: (ⓑ) ? 아이가 이 색을 싫어할 것 같아요.
아주머니: 그럼 이거 한 번 보세요.
손님: 이 색은 좋은데요, 얼마예요?
아주머니: 삼만 원입니다.

59. ⓐ에 맞는 것을 고르십시오.
① 어떤 나이에요　② 무슨 살이에요
③ 살이 몇이에요　④ 몇 살이에요

60. ⓑ에 맞는 것을 고르십시오.
① 다른 옷이에요　② 다른 색 없어요
③ 하얀 색이 좋아요　④ 무슨 옷을 살까요

※ [61~64] **무엇에 대한 이야기입니까? (각 3점)**

〈보기〉
저녁에는 생선찌개를 먹었습니다. 아주 맛있었습니다.
[①] 음식　② 술　③ 시장　④ 음료수

61.

요즘 시장에는 사과와 배가 많습니다. 저는 사과를 아주 좋아합니다.

① 날씨　② 물건　③ 과일　④ 가을

62.

어머니와 아버지는 고향에 계십니다. 언니는 결혼해서 부산에 살고 저와 오빠는 서울에서 회사에 다닙니다.

① 고향　② 가족　③ 회사　④ 결혼

63.

세상에는 여러가지 일이 있습니다. 선생님, 의사, 간호사, 운전사, 청소부,… 이 일들 중에는 다른 사람을 돕는 일이 많습니다.

① 청소　② 학교　③ 직업　④ 병원

64.

사람들마다 좋아하는 것이 다릅니다. 등산을 좋아하는 사람도 있고 여행을 좋아하는 사람도 있습니다. 저는 영화를 제일 좋아합니다.

① 사람　　② 등산　　③ 여행　　④ 취미

※ [65~68] 〈보기〉와 같이 (　　) 안에 맞는 것을 고르십시오. (각 3점)

〈보기〉

오늘은 일요일입니다. (　　　) 월요일입니다.

① 어제는　　② 내일은

③ 모레는　　④ 그저께는

65.

우리 하숙집 (　　　)에는 가게가 많습니다. 앞에는 과일 가게가 있고 옆에는 신발 가게, 옷 가게가 있습니다.

① 방　　② 뒤　　③ 왼쪽　　④ 근처

66.

단어를 모를 때에는 (　　) 찾아 보세요. 'ㄱ, ㄴ, ㄷ, ㄹ…' 'ㅏ, ㅑ, ㅓ, ㅕ…'를 알면 쉽게 찾을 수 있습니다.

① 신문을　　② 잡지를　　③ 사전을　　④ 라디오를

67.

(　　　) 한국에 왔을 때에는 한국말을 몰랐습니다. 그런데 지금은 한국말을 잘 합니다.

① 처음　　② 다시　　③ 다음　　④ 일번

68.

저는 물을 (　　) 마십니다. 아침에 일어나서 한 잔 마시고 식사 때도 마십니다. 더울 때는 더 많이 마십니다.

① 제일　　② 자주　　③ 늦게　　④ 천천히

※ [69~70] 다음 글을 읽고 질문에 답하십시오. (각 3점)

저는 중국에서 온 왕샤입니다. 올해 스물네 살입니다. 태권도를 배우러 한국에 왔습니다. 중국 대학교에서 한국어를 4년 동안 배웠습니다. 지금 기숙사에 살고 있습니다. 잘 부탁합니다.

69. 이글은 어떤 글입니까?

① 자기 소개　② 친구 소개　③ 기숙사 소개　④ 대학 생활

70. 맞는 것을 고르십시오.

① 이 사람은 올해 34살입니다.

② 이 사람은 태권도를 배우고 싶어합니다.
③ 중국 대학교에서 태권도를 배웠습니다.
④ 지금 고향 친구와 이야기하고 있습니다.

※ [71~72] **다음 글을 읽고 질문에 답하십시오. (각 3점)**

음악은 저에게 아주 중요합니다. 책을 읽을 때, 피곤할 때 조용한 음악을 듣습니다. 조용한 음악을 (ⓐ) 마음이 편합니다. 슬플 때는 빠른 노래를 듣습니다. 빠른 노래를 (ⓑ) 기분이 좋아집니다.

71. ⓐ 에 맞는 말을 고르십시오.
① 듣지만 ② 듣으면 ③ 들지만 ④ 들으면

72. ⓑ 에맞는 것을 고르십시오.
① 이 사람은 음악을 좋아합니다.
② 이 사람은 슬픈 노래를 좋아합니다.
③ 피곤할 때는 빠른 노래를 듣습니다.
④ 책을 읽을 때는 빠른 노래를 듣습니다.

※ [73~75] **다음 글을 읽고 질문에 대답하십시오. (각 4점)**

다나카 씨에게 안녕하세요? 그 동안 잘 지냈어요? 저도 잘 지내고 있습니다. 다나카 씨 편지를 받고 아주 기뻤습니다. 저도 다나카 씨하고 같이 서울의 좋은 곳을 많이 보고 싶습니다. 서울에 도착하는 날이 다음 주 금요일이지요? 제가 공항으로 나가겠습니다. 서울에 오기 전에 저한테 꼭 ㉠연락해 주세요. 안녕히 계세요. 1999년 11월 15일 김 진 수

73. 다나카 씨는 언제 서울에 옵니까?
① 다음 주 금요일 ② 다음 주말
③ 1999년 11월 15일 ④ 1999년 11월 7일

74. ㉠ '연락해 주세요'와 바꿀 수 있는 말을 고르십시오.
① 오세요 ② 전화해 주세요
③ 물어 보세요 ④ 보내 주세요

75. 맞는 것을 고르십시오.
① 다나카 씨가 김진수 씨에게 쓴 편지입니다.
② 다나카 씨는 김진수 씨와 일하려고 합니다.
③ 김진수 씨는 다나카 씨 편지를 잃어버렸습니다.
④ 김진수 씨는 공항에서 다나카 씨를 만날 겁니다.

※ [76~78] **다음 글을 읽고 질문에 대답하십시오. (각 4점)**

존슨 씨는 다음 주에 고향으로 돌아갑니다. 존슨 씨는 부모님과 동생들의 선물을 사려고 동대문시장에 갔습니다. 동대문시장에는 재미있는 물건이 많았습니다. 아버지와 어머니의 선물로는 인삼, 여동생 ㉠것으로는 인형, 남동생 것으로는 시계를 샀습니다. 존슨 씨는 물건이 모두 마음에 들었습니다. 빨리 고향에 가서 부모님과 동생들을 보고 싶었습니다.

76. ㉠ '것'과 바꿀 수 있는 말을 고르십시오.
① 시장 ② 마음 ③ 선물 ④ 인형

77. 존슨 씨는 동대문시장에서 무엇을 했습니까?
① 부모님을 만났습니다. ② 물건을 샀습니다.
③ 인삼을 먹었습니다. ④ 친구를 만났습니다.

78. 맞는 것을 고르십시오.
① 존슨 씨는 오늘 고향에 갑니다.
② 선물을 사러 동대문시장에 가고 싶습니다.
③ 남동생에게서 시계를 받았습니다.
④ 여동생에게 인형을 줄 겁니다.

※ [79~80] **다음 글을 읽고 질문에 대답하십시오. (각 4점)**

겨울이 끝났습니다. 겨울에 서울은 아주 춥고 눈도 많이 왔습니다. 저는 감기때문에 한 달 동안 고생했습니다. 지금은 괜찮지만, 2월에는 정말 ㉠힘들었습니다.
3월이 되니까 날씨가 따뜻해졌습니다. 사람들은 겨울옷을 벗고 봄옷을 입었습 니다. 밝고 예쁜 색깔의 옷입니다. 길에는 봄 꽃이 피었습니다.

79. ㉠ '힘들었습니다'와 같은 말을 위의 글에서 고르십시오.
① 끝났습니다 ② 고생했습니다
③ 따뜻해졌습니다 ④ 피었습니다

80. 맞는 것을 고르십시오.
① 2월에는 따뜻합니다. ② 2월에는 꽃이 많이 핍니다.
③ 겨울에 감기에 걸렸습니다. ④ 이 사람은 겨울을 좋아합니다.

※ [81~82] **다음 글을 읽고 질문에 대답하십시오. (각 4점)**

저는 지하철 안에서 사람들을 보는 것이 즐겁습니다. ㉠거기에는 신문을 보는 사람, 음악을 듣는 사람, 옆 사람과 이야기하는 사람, 앉아서 자는 사람이 있습니다. 그런데 어제는 아주 ㉡아름다운 사람을 보았습니다. 할머니가 타셨는데, 앞의 학생이 일어났습 니다. 그리고 할머니에게 말했습니다. "할머니, 여기 앉으세요." 저는 그 학생을 다시 한 번 보았습니다. 그 학생의 얼굴이 참 아름다웠습니다.

81. ㉠ '거기'는 어디입니까? (　　　　　　　　　　)

82. ㉡ '아름다운 사람'은 어떤 사람입니까?
① 신문을 보는 사람 ② 앉아서 자는 사람
③ 옆 사람과 이야기하는 사람 ④ 할머니에게 자리를 양보하는 사람

-제3회 한국어능력시험 1급

한국어능력시험 (2)

※ [1~3] <보기>와 같이 ( ) 안에 맞는 것을 고르십시오. (각 2점)

> 보 기
>
> ( )에서 공부를 해요.
> ① 학교 ② 은행 ③ 서점 ④ 커피숍

1. ( )이/가 예뻐요.
① 기분 ② 꽃 ③ 점심 ④ 산책

2. 아침에 ( )을/를 했어요.
① 운동 ② 가방 ③ 책 ④ 사진

3. ( )에서 점심을 먹었어요.
① 서점 ② 교실 ③ 식당 ④ 은행

※ [4~6] <보기>와 같이 밑줄 친 것과 비슷한 뜻을 가진 것을 고르십시오.(각 3점)

> 보 기
>
> 재미있게 <u>이야기해요</u>.
> ① 읽어요 ② 노래해요 ③ 말해요 ④ 들어요

4. 어제 모임에는 모두 왔어요.
① 좀 ② 다 ③ 덜 ④ 꼭

5. 1년 동안 한국어를 배웠어요.
① 가르쳤어요 ② 읽었어요 ③ 공부했어요 ④ 만들었어요

6. 언니와 같이 수영을 하러 갔습니다.
① 가끔 ② 늦게 ③ 자주 ④ 함께

※ [7~9] <보기>와 같이 반대되는 뜻을 가진 것을 고르십시오. (각 3점)

> 보 기
>
> 크다 - 작다

7.
① 오늘－지금　② 일찍－늦게　③ 어제－아침　④ 내일－저녁

8.
① 앉다－서다　② 타다－듣다　③ 입다－신다　④ 자다－벗다

9.
① 맛있다－예쁘다　② 멀다 - 덥다　③ 좋다－싫다　④ 많다 - 길다

※ [10~13] 〈보기〉와 같이 (　) 안에 맞는 것을 고르십시오. (각 3점)

보 기

가: 수미 씨 집에 있어요?
나: 아니오. 집에 (　　　).
① 있어요　② 없어요　③ 몰라요　④ 바빠요

10. 가: 지금 뭐 해요?
나: 친구에게 전화를 (　　　).
① 보내요　② 쳐요　③ 와요　④ 걸어요

11. 가: 어느 것이 좋아요?
나: 나는 이것이 마음에 (　　　).
① 들어요　② 기뻐요　③ 좋아요　④ 예뻐요

12. 가: 우체국에서 뭐 했어요?
나: 편지를 (　　　).
① 샀어요　② 찍었어요　③ 만났어요　④ 보냈어요

13. 가: 어제 왜 학교에 안 왔어요?
나: 감기에 (　　　). 그래서 학교에 못 왔어요.
① 걸렸어요　② 먹었어요　③ 아팠어요　④ 만났어요

※ [14~15] 〈보기〉와 같이 밑줄 친 부분을 고치십시오. (각 4점)

보 기

빵을 맛있어요. → 답: (빵이)

14. 어제 친구를 만날 거예요.
답: (　　　　　　　)

15. 일요일에는 수업이 없습니다. 그래서 학교에 갑니다.
답: (   )

※ [16~18] <보기>와 같이 ( ) 안에 맞는 것을 고르십시오. (각 3점)

보 기

오늘 오후( ) 백화점에서 친구를 만났어요.
① -가 ② -를 ③ -에 ④ -에서

16. 나는 파란색( ) 좋아요.
① -을 ② -으로 ③ -이 ④ -에

17. 월요일( ) 금요일까지 회사에서 일을 합니다.
① -과 ② -부터 ③ -에 ④ -한테

18. 아침에 빵( ) 우유를 먹었어요. 그리고 과일( ) 먹었어요.
① -와, -을 ② -과, -은 ③ -을, -도 ④ -과, -도

※ [19~22] <보기>와 같이 ( ) 안에 맞지 않는 것을 고르십시오. (각 4점)

보 기

가: 밥 먹었어요?
나: 아니오, (   ).
① 안 먹었어요 ② 못 먹었어요
③ 먹지 않았어요 ④ 잘 먹었어요

19. 가: 다음 주 토요일에 뭐 해요?
나: 영화 보러 (   ).
① 갔습니다 ② 갈 거예요 ③ 가기로 했어요 ④ 가려고 해요

20. 가: 저하고 같이 공부할까요?
나: 네, 같이 (   ).
① 공부해요 ② 공부할게요 ③ 공부하세요 ④ 공부합시다

21. 가: 왜 병원에 갔어요?
나: 아픈 친구를 (   ) 병원에 갔어요.
① 만나러 ② 만나려고 ③ 만나고 싶어서 ④ 만나면

22. 가: 이 노래 알아요?
나: 네, 전에 (   ).
① 들었어요 ② 들을 거예요 ③ 들어 봤어요 ④ 들어 본 적이 있어요

※ [23~24] <보기>와 같이 틀린 것을 고르십시오. (각 4점)

보 기

아이스크림을 ①너무 ②많이 ③먹는 배가 ④ 아파요.

23.

①지금 아이가 방에서 ②자요. ③그리고 시끄럽게 ④떠들지 마세요.

24.

은행에 사람들이 ①너무 ②많아요. 한 시간 ③전에 ④다시 오겠어요.

※ [25~26] 다음 글을 읽고 질문에 답하십시오. (각 4점)

진영: 이번 휴가 때 여행가세요?
미수: 네, 가족들과 함께 설악산에 가려고 해요.
진영: 저도 작년에 가족들과 설악산에 갔다왔어요. 설악산이 정말 (㉠). 꼭 다시 한번 가고 싶어요. 그런데 언제 가세요?
미수: 내일 (㉡).
진영: 그럼 잘 다녀오세요.

25. ㉠에 알맞은 것을 고르십시오.
① 따뜻했어요 ② 아름다웠어요 ③ 비쌌어요 ④ 무서웠어요

26. ㉡에 알맞은 것을 고르십시오.
① 갈 거예요 ② 갔어요 ③ 갈까요 ④ 갑시다

※ [27~28] 다음 글을 읽고 질문에 답하십시오. (각 4점)

마사코: 비빔밥 맛있어요?
기 영: 아주 맛있어요. (㉠) 조금 매워요. 설렁탕 맛은 어때요?
마사코: (㉡).
기 영: 그럼 소금을 좀 넣으세요.
마사코: 넣었어요. 그런데 설렁탕이 달아요.
기 영: 마사코 씨, 이건 설탕이에요.

27. ㉠에 알맞은 것을 고르십시오.
① 그리고 ② 그러니까 ③ 그래서 ④ 그렇지만

28. ㉡에 알맞은 것을 고르십시오.
① 매워요 ② 짜요 ③ 싱거워요 ④ 달아요

※ [29~30] 다음 글을 읽고 질문에 답하십시오. (각 4점)

점원: 어서 오세요. 어떤 옷을 찾으세요?
손님: 어제 여기에서 이 옷을 샀어요. 그런데 옷이 좀 작아요. 그래서 (㉠).
점원: 그러세요? 그런데 지금 그 옷은 큰 것이 없어요. 이건 어때요?
손님: 한 번 (㉡) 볼게요.

29. ㉠에 알맞은 것을 고르십시오.
① 바꾸세요 ② 바꾸었어요 ③ 바꾸고 싶어요 ④ 바꿔요

30. ㉡에 알맞은 것을 고르십시오.
① 입어 ② 입지 ③ 입는 ④ 입은

※ [31~34] <보기>와 같이 ( ) 안에 맞는 것을 고르십시오. (각 3점)

보 기

가: 어디입니까?
나: ( ).
① 서점에 가요 ② 우체국입니다
③ 집이 멀어요 ④ 식당이 있어요

31. 가: 오후에 시간 있어요?
나: ( ).
① 네, 한 시예요 ② 네, 시간 없어요
③ 네, 시계 있어요 ④ 네, 시간 있어요

32. 가: 오늘 왜 지각했어요?
나: ( ).
① 일찍 일어났어요 ② 저녁에 약속이 있어요
③ 늦게 일어났어요 ④ 어제는 일요일이에요

33. 가: 어느 백화점에 가요?
나: ( ).
① 서울백화점에 가요 ② 백화점은 물건 값이 비싸요
③ 근처에 백화점이 많아요 ④ 옷을 사러 백화점에 가요

34. 가: 어제 집에 늦게 왔어요?
나: 네, ( ).
① 늦잠을 잤어요 ② 회사 일이 많았어요
③ 배가 아팠어요 ④ 잠을 못 잤어요

※ [35~38] 〈보기〉와 같이 (　) 안에 맞는 것을 고르십시오. (각 3점)

보 기

가: (　　　　　)
나: 김수미입니다.
① 몇 살이에요?　　② 어디에서 왔어요?
③ 이름이 뭐예요?　　④ 뭐 했어요?

35. 가: (　　　　　)
나: 네, 있습니다.
① 동생이 있어요?　　② 가족이 몇 명이에요?
③ 몇 살이에요?　　④ 누구세요?

36. 가: (　　　　　)
나: 친구를 기다려요.
① 안녕하세요?　　② 여기서 뭐 하세요?
③ 잠깐만 기다리세요.　　④ 늦어서 미안해요.

37. 가: (　　　　　)
나: 저기 서점 뒤에 있어요.
① 은행이 어디에 있어요?　　② 서울은행에 가요?
③ 서점이 어디에 있어요?　　④ 어디에 가세요?

38. 가: (　　　　　)
나: 학생이 아닙니다. 선생님입니다.
① 김 선생님이세요?　　② 선생님 계세요?
③ 학생이에요?　　④ 누가 왔어요?

※ [39~41] 〈보기〉와 같이 (　) 안에 맞는 것을 고르십시오. (각 3점)

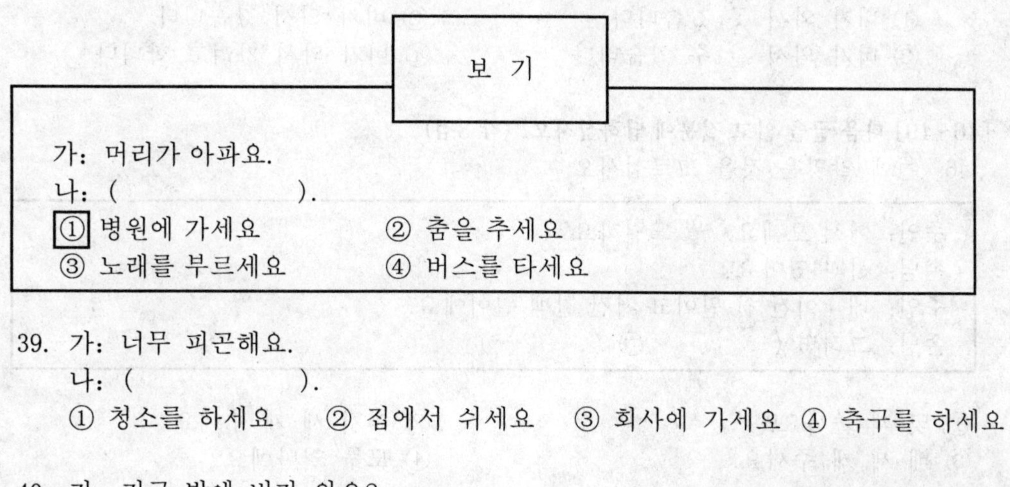

보 기

가: 머리가 아파요.
나: (　　　　　).
① 병원에 가세요　　② 춤을 추세요
③ 노래를 부르세요　　④ 버스를 타세요

39. 가: 너무 피곤해요.
나: (　　　　　).
① 청소를 하세요　② 집에서 쉬세요　③ 회사에 가세요　④ 축구를 하세요

40. 가: 지금 밖에 비가 와요?

나: 네, 그러니까 ( ).

① 안경을 쓰세요 ② 꼭 읽으세요
③ 밥을 먹지 마세요 ④ 우산을 가져가세요

41. 가: 여기는 금연 구역이에요?
나: 네, ( ).

① 여기에 앉지 마세요 ② 기다리지 마세요
③ 담배를 피우지 마세요 ④ 떠들지 마세요

※ [42~45] 〈보기〉와 같이 ( ) 안에 맞는 것을 고르십시오. (각 3점)

보 기

배가 고픕니다. 그래서 ( ).

① 기분이 좋습니다 ② 친구를 만납니다
③ 너무 바쁩니다 ④ 밥을 먹습니다

42. 수미 씨는 노래를 잘 합니다. 그리고 ( ).

① 운동도 안 합니다 ② 운동만 잘 합니다
③ 운동도 잘 합니다 ④ 운동을 못 합니다

43. 한국에 처음 왔을 때는 한국어를 잘못했습니다. 그렇지만 지금은( ).

① 한국어를 좋아합니다 ② 한국어를 잘 합니다
③ 한국어를 잘못합니다 ④ 한국어를 싫어합니다

44. 나는 음악을 좋아합니다. 그래서 ( ).

① 음악을 자주 듣습니다 ② 음악을 자주 안 듣습니다
③ 음악을 적게 듣습니다 ④ 음악을 한번 듣습니다

45. 오늘 소풍을 가려고 했습니다. 그렇지만 ( ).

① 비가 와서 못 갔습니다 ② 비가 와서 갔습니다
③ 비가 와서 갈 수 있습니다 ④ 비가 와서 가려고 합니다

※ [46~49] 다음 글을 읽고 질문에 답하십시오. (각 3점)

46. ㉠에 알맞은 것을 고르십시오.

주인: 어서 오세요. 뭘 드릴까요?
손님: 사과 있어요?
주인: 네, 이건 천 원이고 저건 칠백 원이에요.
손님: 그러면 (㉠)

① 몇 개 줄까요? ② 이거 세 개 주세요.
③ 배 세 개 주세요. ④ 모두 얼마예요?

47. ㉠에 알맞은 것을 고르십시오.

동혁: 여보세요. 거기 미정 씨 댁이지요?
희정: 네, 맞아요.
동혁: (　　　　　㉠　　　　　)
희정: 잠깐만 기다리세요.

① 전화 잘못 걸었어요.　② 미정 씨 좀 바꿔 주세요.
③ 전화번호가 몇 번이에요?　④ 실례지만 누구세요?

48. ㉠에 알맞은 것을 고르십시오.

진완: 수정 씨, 이 책은 (　　　　　㉠　　　　　)
수정: 제 거예요.
지완: 이 책 좀 빌려 주세요.

① 어디서 샀어요?　② 언제 샀어요?　③ 누구 거예요?　④ 재미있어요?

49. ㉠에 알맞은 것을 고르십시오.

철민: 이 구두 샀어요?
수미: 네, (　　　　　㉠　　　　　).
철민: 얼마예요?
수미: 10만 원이에요.

① 내일 사려고 해요　② 백화점에 갈 거예요
③ 백화점에서 샀어요　④ 지금 안 신었어요

※ [50~53] 〈보기〉와 같이 두 문장을 바르게 연결한 것을 고르십시오. (각 4점)

보 기

가방이 쌉니다. 가방을 샀습니다.
① 가방이 싸서 샀습니다.　② 가방이 싸러 샀습니다.
③ 가방이 싸면 샀습니다.　④ 가방이 싸는 샀습니다.

50. 청소를 했습니다. 숙제를 했습니다.
① 청소를 하면 숙제를 했습니다.　② 청소를 해서 숙제를 했습니다.
③ 청소를 하고 숙제를 했습니다.　④ 청소를 하러 숙제를 했습니다.

51. 가게에 갔어요. 우유를 샀어요.
① 가게에 가러 우유를 샀어요.　② 가게에 가서 우유를 샀어요.
③ 가게를 가도 우유를 샀어요.　④ 가게를 가려고 우유를 샀어요.

52. 설렁탕을 먹었어요. 맛이 없었어요.
① 설렁탕을 먹고 맛이 없었어요.
② 설렁탕을 먹어서 맛이 없었어요.
③ 설렁탕을 먹으러 맛이 없었어요.
④ 설렁탕을 먹었지만 맛이 없었어요.

53. 시간이 있어요. 나에게 전화하세요.
① 시간이 있으면 나에게 전화하세요.
② 시간이 있지만 나에게 전화하세요.
③ 시간이 있어서 나에게 전화하세요.
④ 시간이 있고 나에게 전화하세요.

※ [54~56] 〈보기〉와 같이 한 문장으로 만드십시오.(각 4점)

보 기

친구에게 전화하다 - 친구는 없다
답: (친구에게 전화했지만 친구는 없었어요.)

54.

책을 읽다 - 친구를 만나다

(   )

55.

영화를 보다 - 시내에 가다

(   )

오늘 바쁘다 - 모임에 안 가다

(   )

※ [57~58] 다음 글을 읽고 질문에 답하십시오.

유진: 지혜 씨, 취미가 뭐예요?
지혜: 제 취미는 자전거 타는 거예요.
(㉠)
유진: 저는 수영을 좋아해요.
지혜: (㉡)
유진: 네, 주말마다 가요. 다음 주말에는 지혜 씨도 같이 갑시다. 재미있을 거예요.

57. ㉠에 알맞은 것을 고르십시오. (3점)
① 유진 씨 취미는 뭐예요?
② 유진 씨 취미는 언제 배웠어요?
③ 유진 씨도 자전거 탈 수 있어요?
④ 유진 씨도 자전거 있어요?

58. ㉡에 알맞은 것을 고르십시오. (4점)

① 수영 배우는 거 어려워요? ② 누구하고 같이 수영해요?
③ 어디에서 수영해요? ④ 수영장에 자주 가요?

※ **[59~60] 다음 글을 읽고 질문에 답하십시오. (각 4점)**

진완: 토요일에 약속 있어요?
은주: 아니오, 없어요.
진완: (㉠)
은주: 좋아요. 무슨 영화를 볼까요?
진완: "비천무" 어때요?
은주: 네, 좋아요. 어디에서 해요?
진완: 서울극장에서 해요.
은주: (㉡)
진완: 영화가 두 시 삼십 분에 시작되니까 두 시에 만납시다.

59. ㉠에 알맞은 것을 고르십시오.

① 그러면 같이 뭐 할까요? ② 다음 주 토요일에 만납시다.
③ 그러면 같이 영화를 봅시다. ④ 영화 보는 거 좋아해요?

60. ㉡에 알맞은 것을 고르십시오.

① 몇 시에 갈까요? ② 몇 시에 만났어요?
③ 몇 시에 영화가 끝나요? ④ 몇 시에 만날까요?

※ **[61~63] 다음에서 말하는 것은 무엇입니까? (각 3점)**

61.

여기에는 물건을 넣습니다. 책도 넣습니다. 들고 다닙니다.

① 모자 ② 책상 ③ 의자 ④ 가방

62.

이곳은 아픈 사람들이 많이 옵니다. 그래서 의사, 간호사들은 항상 바쁩니다

① 학교 ② 시장 ③ 식당 ④ 병원

63.

이것은 손을 씻을 때, 세수를 할 때 필요합니다. 보통 목욕탕과 화장실에 있습니다.

① 휴지 ② 비누 ③ 칫솔 ④ 거울

※ [64~67] ( ) 안에 맞는 것을 고르십시오. (각 3점)

64.

서울은 ( ) 이/가 편리합니다. 버스도 많고, 택시도 많습니다. 지하철도 있습니다.

① 쇼핑 ② 식사 ③ 교통 ④ 자동차

65.

저는 ( ) 이/가 많습니다. 형이 두 명이고, 누나도 한 명 있습니다. 남동생과 여동생이 한 명씩 있습니다.

① 형제 ② 친구 ③ 동생 ④ 부모님

66.

저는 매일 아침 ( ) 을/를 봅니다. 소식을 알 수 있고, 날씨도 알 수있습니다.

① 책 ② 신문 ③ 만화 ④ 잡지

67.

저는 어제 친구와 미술관에 갔습니다. ( )은/는 도서관에서 책을 읽었습니다. 내일은 시장에 가서 옷을 살 겁니다.

① 올해 ② 오늘 ③ 모레 ④ 내년

※ [68~69] 다음을 보고 질문에 대답하십시오.(각 3점)

68. 맞지 않는 것을 고르십시오.

한국산업주식회사

영업부 대리

김 영 수

서울시 동대문구 회기동 30번지 한성빌딩 3층
회 사 : (02) 965-7892
HP : 011-234-5678
E-Mail : yskim@han.co.kr

① 이름은 김영수입니다. ② 회사는 한성빌딩에 있습니다.
③ 한국산업주식회사에 다닙니다. ④ 집 전화번호는 965-7892입니다.

69. 맞는 것을 고르십시오.

*** 영 수 증 ***

품명	단가(원)	수량	금액(원)
사과	500	10	5,000
생선	3,500	1	3,500
콜라	470	5	2,350

총액	10,850
받은 돈	15,000
거스름	4,150

① 사과를 열 권 샀습니다. ② 생선을 한 개 샀습니다.
③ 콜라를 다섯 병 샀습니다. ④ 물건 값은 모두 만 오천 원입니다.

※ **[70~71] 다음 글을 읽고 질문에 대답하십시오. (각 3점)**

미사키 씨는 일본사람입니다. 대학생입니다. 지금 한국어를 배우고있습니다. 미사키 씨는 일본에서 태권도를 (㉠) 아주 잘합니다. 그래서 저에게 태권도를 가르쳐 줍니다.

70. (㉠)에 알맞은 것을 고르십시오.
① 배워서 ② 가르쳐서 ③ 배우고 ④ 가르쳤지만

71. 맞는 것을 고르십시오.
① 미사키 씨는 대학생입니다.
② 미사키 씨는 한국어를 잘합니다.
③ 미사키 씨는 태권도를 배우고 있습니다.
④ 미사키 씨는 일본에서 한국어를 배웠습니다.

※ **[72~73] 다음 글을 읽고 질문에 답하십시오. (각 3점)**

나는 일요일에는 일을 하지 않습니다. 보통 집에서 쉽니다. 친구들을 만나서 노래방에도 갑니다. 가끔 가까운 곳으로 기차를 타고 여행을 갑니다. 바다와 산에도 가고 시골에도 갑니다.

72. 이 사람이 여행을 가는 곳이 아닌 곳을 고르십시오.
① 산 ② 바다 ③ 시골 ④ 노래방

73. 맞는 것을 고르십시오.
① 일요일에는 가끔 여행을 합니다.
② 일요일에 집에서 쉬면 즐겁습니다.
③ 일요일에는 일을 하지 않고 영화를 봅니다.
④ 일요일에 언제나 친구들과 함께 노래방에 갑니다.

※ [74~75] **다음 글을 읽고 질문에 대답하십시오. (각 3점)**

오늘은 민수 씨의 결혼기념일입니다. 그래서 민수 씨는 백화점에서 아내의 선물을 샀습니다. 민수 씨는 구두를 사고 싶었지만, 구두는 비쌌습니다. 그래서 화장품을 샀습니다.

74. 민수 씨는 무엇을 샀습니까?
( )

75. 맞는 것을 고르십시오.
① 민수 씨가 산 구두는 비쌌습니다. ② 민수 씨는 시장에서 선물을 샀습니다.
③ 민수 씨는 아내의 선물을 샀습니다. ④ 민수 씨는 동생에게 선물을 주었습니다.

※ [76~77] **다음 글을 읽고 질문에 대답하십시오. (각 3점)**

2000년 10월 4일(수) 맑음 오늘은 학교에서 한국노래를 배웠습니다. 노래제목은 '아리랑'이 었는데, 한국사람들이 많이 (㉠) 노래입니다. '아리랑'은 슬픈 노래입니다. 우리는 모두 함께 '아리랑'을 불렀습니다. '아리랑'을 부르는 것은 어렵지 않았습니다.

76. (㉠) 안에 맞는 것을 고르십시오
① 부르는 ② 쓰는 ③ 만드는 ④ 노는

77. 맞는 것을 고르십시오.
① 한국노래는 재미있습니다. ② '아리랑'은 즐거운 노래입니다.
③ 한국사람들은 노래를 좋아합니다. ④ '아리랑'을 부르는 것은 쉬웠습니다.

※ [78~79] **다음 글을 읽고 질문에 대답하십시오.(각 3점)**

토마스 씨는 한국에서 회사에 다닙니다. 아침 일찍 집에서 나와서 여덟 시쯤 회사에 도착합니다. 오전에는 회의를 하고, 오후에는 여러 가지 회사 일 때문에 바쁩니다. 저녁에는 회사 근처의 체육관에서 한 시간 동안 운동을 하고 밤 아홉 시쯤 집에 돌아갑니다.

78. 맞는 것을 고르십시오.
① 토마스 씨는 아침 일찍 집에 갑니다.
② 토마스 씨는 오전에 아홉 시까지 회사에서 일합니다.
③ 토마스 씨는 회사에서 오후에 회의를 합니다.
④ 토마스 씨는 저녁에 회사 근처에서 운동을 합니다.

79. 이 글의 제목으로 가장 알맞은 것을 고르십시오.
① 토마스 씨의 직업 ② 토마스 씨의 회사
③ 토마스 씨의 취미 ④ 토마스 씨의 하루

※ [80~81] **다음 글을 읽고 질문에 대답하십시오. (각 4점)**

마이클 씨에게
그 동안 잘 있었어요? 마이클 씨가 보낸 편지는 어제 잘 받았어요. 아주 반가웠어요. 편지 보내 줘서 고마워요.
저는 다음 주 화요일에 미국에 가서 일 년 동안 공부할 거예요. (㉠)그럼 만날 때까지 잘 있어요.

2000년 10월 10일
서울에서 미란.

80. (㉠)에 알맞은 것을 고르십시오.
① 고마워요. ② 도착하면 전화할게요.
③ 몇 시에 도착하세요? ④ 여기는 날씨가 좋아요.

81. 맞는 것을 고르십시오.
① 마이클 씨는 한국에 살고 있습니다.
② 미란 씨는 다음 주에 한국에 옵니다.
③ 마이클 씨는 어제 편지를 보냈습니다.
④ 미란 씨는 1년 동안 미국에서 공부할 겁니다.

※ [82~83] **다음 글을 읽고 질문에 대답하십시오. (각 4점)**

한국에는 사계절이 있습니다. 봄에는 날씨가 따뜻하고 꽃이 많이 핍니다. 여름에는 가족들이 함께 바다나 산으로 여행을 갑니다. 가을이 되면 산에 단풍이 아주 예쁩니다. (㉠)에는 날씨가 춥지만 눈이 와서 아이들이 좋아합니다.

82. 맞는 것을 고르십시오.
① 봄에는 날씨가 덥습니다. ② 여름에는 가족들이 여행을 갑니다.
③ 가을에는 꽃이 피어서 산이 예쁩니다. ④ 겨울에는 춥지만 눈이 오지 않습니다.

83. (㉠)에 들어갈 단어를 쓰십시오.
( )

※ [84~85] **다음 글을 읽고 질문에 답하십시오. (각 4점)**

제 취미는 사진을 찍는 것입니다. 보통 꽃과 나무, 어린이들을 찍습니다. 꽃과 나무를 보면 피곤한 것을 잊을 수 있습니다. 또, 어린이들의 웃는 얼굴은 정말 예쁩니다. (㉠) 저는 ㉡이것들을 자주 찍습니다.

84. (㉠)에 들어갈 말로 알맞은 것을 고르십시오.
① 그러나 ② 그래도 ③ 그래서 ④ 그렇지만

85. ㉡ '이것들'은 무엇입니까? 세 가지를 쓰십시오.
(, ,)

※ [86~88] **다음 글을 읽고 질문에 대답하십시오.**

제주도는 한국에서 ㉠제일 큰 섬입니다. 제주도는 남쪽에 있습니다. 제주도의 한가운데에는 높은 산이 있습니다. 산의 이름은 한라산입니다. 한라산은 높이가 1,950m입니다. 제주도의 다른 이름은 "삼다도"입니다. 돌과 바람과 여자가 많기 때문입니다.

86. ㉠ '제일'과 바꿀 수 있는 말을 고르십시오. (4점)
① 매우 ② 아주 ③ 가장 ④ 몹시

87. 맞는 것을 고르십시오. (4점)
① 제주도에는 돌이 적습니다.
② 제주도는 서쪽 바다에 있습니다.
③ 한라산은 제주도의 한가운데 있습니다.
④ 한라산은 별로 높지 않습니다.

88. 제주도는 왜 "삼다도"라고 합니까? (5점)

-제4회 한국어능력시험 1급

참고답안（参考答案）

제 13 과 인사

巩固练习

1. 仿照例句，在下列单词后面加上陈述式终结词尾。

   1) 고향입니다.　2) 선생님입니다.
   3) 남자입니다.　4) 아버지입니다.
   5) 마십니다.　6) 재미있습니다.
   7) 먹습니다.　8) 회사에 다닙니다.
   9) 듣습니다.　10) 좋습니다.

2. 仿照例句，在下列单词后面加上疑问式终结词尾。

   1) 신문입니까?　2) 한국사람입니까?
   3) 고등학교입니까?　4) 읽습니까?
   5) 공부합니까?　6) 회사에 다닙니까?
   7) 괜찮습니까?　8) 넓습니까?
   9) 카메라입니까?　10) 부릅니까?

3. 仿照例句，完成对话。

   1) 네, 회사에 다닙니다.
   2) 아닙니다. 고려대학교입니다.
   3) 네, 북경대학 학생입니다.
   4) 네, 우리 선생님입니다.
   5) 아닙니다. 경제학입니다.
   6) 아니오, 텔레비전을 봅니다.
   7) 아니오, 음료수를 마십니다.
   8) 아닙니다. 연세대학교 선생입니다.
   9) 네, 한국어 공부는 재미있습니다.
   10) 아니오, 칭화대학 학생입니다.

4. 在括号里填上适当的助词。

   1)（ 는 ）　2)（ 는 ）　3)（ 는 ）
   4)（ 은 ）　5)（ 은 ）　6)（ 은 ）
   7)（ 은 ）　8)（ 은 ）

5. 改错。

   1) 나는 중국사람입니다.
   2) 수미 씨는 학생입니까?
   3) 저는 신문을 봅니다.
   4) 아버지는 회사에 다닙니다.
   5) 나의 전공는 한국어 입니다.
   6) 우리 선생님은 여자입니다.
   7) 안녕하십니까? 만나서 반갑습니다.

6. 翻译下列句子。

   1) 우리는 서울대학교 학생입니다.
   2) 형은 회사에 다닙니다.
   3) 나의 국적은 중국입니다.
   4) 신문은 재미있습니다.
   5) 안녕하십니까? 만나서 반갑습니다. 저는 왕동입니다.
   6) 당신의 고향은 북경입니까?
   7) 우리 선생님은 여자입니까?
   8) 당신의 생일은 언제입니까?

提高练习

1. 仿照例句，完成对话。

   1) 책입니다.　2) 사과입니다.
   3) 선생입니다.　4) 동생입니다.
   5) 한국사람입니다.　6) 중국사람입니다.

2. 仿照例句，进行练习。

   1) 네, 선생입니다.
      아닙니다. 학생입니다.
   2) 네, 전공은 한국사입니다.
      아닙니다. 전공은 경영학입니다.
   3) 네, 선생은 남자입니다.
      아닙니다. 선생은 여자입니다.
   4) 네, 아버지입니다.
      아닙니다. 형입니다.
   5) 네, 친구입니다.
      아닙니다. 동생입니다.
   6) 네, 학교입니다.
      아닙니다. 기숙사입니다.
   7) 네, 사과입니다.
      아닙니다. 배입니다.

3. 仿照例句，进行练习。

   1) 안녕하세요? 저는 김수미입니다. 한국사람입니다. 만나서 반갑습니다.
   2) 안녕하세요? 저는 야마다입니다. 일본사람입니다. 만나서 반갑습니다.
   3) 안녕하세요? 저는 마이클입니다. 미국사람입니다. 만나서 반갑습니다.
   4) 안녕하세요? 저는 앤디입니다. 영국사람입니다. 만나서 반갑습니다.
   5) 안녕하세요? 저는 팜티입니다. 베트남사람입니다. 만나서 반갑습니다.

4. 介绍朋友。（略）

5. 阅读并回答问题。

   1) 다나카는 일본사람입니다.
   2) 네, 서울대학교 유학생입니다.

제 14 과 학교

巩固练习

1. 仿照例句，完成句子。

   1) 아버지는 신문을 봅니다.
   2) 나는 사과를 삽니다.

3) 우리는 학국어를 공부합니다.
4) 학생은 선생님을 만납니다.
5) 형은 음악을 듣습니다.
6) 동생은 과자를 먹습니다.
7) 친구를 다방에서 만납니다.
8) 선생님은 질문을 합니다.
9) 어머니는 커피를 마십니다.
10) 친구는 교실에서 책을 봅니다.

2. 选择适当的词填空。

1) ③ 한국어　　2) ② 신문
3) ② 도서관　　4) ③ 마십니다
5) ① 보냅니다　　6) ① 아주
7) ③ 어디　　8) ③ 잠깐
9) ② 아주　　10) ③ 밥

3. 选择适当的助词填空。

1) ② 는　　2) ① 은
3) ④ 를　　4) ② 에서
5) ③ 에　　6) ① 을
7) ④ 에서　　8) ③ 를

4. 把适当的助词填在空格处。

1) (를)　　2) (에)
3) (에서)　　4) (에서), (을)
5) (를)　　6) (에서), (를)
7) (는), (에서), (을)
8) (에서), (을)

5. 仿照例句，完成对话。

1) 한국요리를 좋아합니다.
2) 나는 요즘 중국어 공부를 합니다.
3) 차를 마십니다.
4) 아버지는 신문을 봅니다.
5) 어머니는 사과를 삽니다.
6) 동생은 지금 잡니다.
7) 한국어를 배웁니다.

6. 仿照例句，完成对话。

1) 도서관에서 책을 봅니다.
2) 우체국에서 편지를 보냅니다.
3) 학교식당에서 밥을 먹습니다.
4) 은행에서 돈을 찾습니다.
5) 학교에서 기다립니다.
6) 운동장에서 운동을 합니다.
7) 문방구점에서 볼펜과 노트를 삽니다.

7. 仿照例句， 完成对话。

1) 학교에 가십시오. (가세요)
2) 극장에 가십시오. (가세요)
3) 베이징에 가십시오. (가세요)
4) 한국식당에 가십시오. (가세요)
5) 약국에 가십시오. (가세요)

8. 改错。

1) 나는 음악을 듣습니다.
2) 친구는 도서관에 갑니다.
3) 우리는 우체국에 갑니다.
4)동생은 소설을 읽습니다.
5) 오늘 누구를 만납니까?
6) 불고기는 아주 맛있습니다.
7) 형은 우체국에서 편지를 보냅니다.
8) 학생은 교실에서 공부를 합니다.
9) 동생은 집에서 텔레비전을 봅니다.

9. 翻译下列句子。

1) 아버지는 집에서 신문을 봅니다.
2) 함께 우체국에 갑시다.
3) 과자를 주십시오.
4) 동생은 요즘 무엇을 합니까?
5) 친구는 도서관에서 책을 빌립니다.
6) 잠깐 기다리세요.
7) 함께 도서관에 갑시다.

提高练习

1. 仿照例句，完成对话。

1) 책을 읽습니다.
2) 사과를 먹습니다.
3) 선생님을 만납니다.
4) 영화를 봅니다.
5) 친구를 기다립니다.

2. 仿照例句，进行对话练习。

1) 도서관에 갑니다. 책을 빌립니다.
2) 식당에 갑니다. 밥을 먹습니다.
3) 우체국에 갑니다. 편지를 보냅니다.
4) 은행에 갑니다. 돈을 찾습니다.
5) 극장에 갑니다. 영화를 봅니다.

3. 仿照例句，进行练习。

1) 김수미 씨, 운동장에서 운동을 합시다.
2) 야마다 씨, 도서관에서 책을 빌립시다.
3) 마이클 씨, 학교에서 공부를 합시다.
4) 왕룡 씨, 수영장에서 수영을 합시다.
5) 김현주 씨, 극장에서 영화를 봅시다.

4. 阅读并回答问题。

1) 학교식당입니다.
2) 오늘 메뉴는 자장면입니다.
3) 학생식당 음식이 쌉니다. 맛도 있습니다. 아주머니가 아주 친절합니다.

5. 向朋友介绍我的一周计划。 (略)

제 15 과 과거 서술하기

巩固练习

1. 选择适当的词填空。

1) ④ 어제 2) ① 이야기
3) ② 아직 4) ③ 보통
5) ② 그렇지만 6) ① 열심히
7) ② 요즘 8) ③ 같이
9) ③ 누구 10) ③ 어디

2. 选择适当的助词填空。

1) ② 았 2) ① 이었습니다
3) ③ 와 4) ③ 안
5) ② 하고 6) ③ 하고
7) ④ 었

3. 仿照例句，完成句子。

1) 주말에 아주 바빴습니다.
2) 친구와 같이 여행갔습니다.
3) 일요일에 집을 청소했습니다.
4) 언니는 한국노래를 했습니다.
5) 누나는 초등 학교 선생님이었습니다.
6) 영민 씨는 다방에서 커피를 마셨습니다.
7) 형은 극장에서 영화를 보았습니다.
8) 어제 혼자 집을 청소했습니다.

4. 仿照例句，完成对话。

1) 어제 집에서 쉬었습니다.
2) 일요일 오전에 친구를 만났습니다.
3) 오늘 아침에 빵과 우유를 먹었습니다.
4) 네, 사전을 가지고 왔습니다.
5) 아니오, 먹지 않았습니다.
6) 네, 어제 일찍 일어났습니다.
7) 바지와 치마를 샀습니다.

5. 仿照例句，完成对话。

1) 시장에서 사과와 배를 삽니다.
2) 한국어와 영어를 배웁니다.
3) 친구와 같이 영화를 봅니다.
4) 개와 고양이가 있습니다.
5) 동생과 어머니가 있습니다.
6) 도서관과 극장에 갔습니다.
7) 빵과 우유를 먹습니다.

6. 仿照例句， 完成对话。

1) 아니오. 오늘 안 바쁩니다.
2) 아니오. 백화점에 사람이 많지 않습니다.
3) 아니오. 어제 빨래를 하지 않았습니다.
4) 아니오. 아직 결혼하지 않았습니다.
5) 아니오. 어제 도서관에 안 갔습니다.
6) 아니오. 덥지 않습니다.
7) 아니오. 열심히 공부하지 않습니다.

7. 改错。

1) 우리는 어제 영화를 보았습니다.
2) 수미 씨는 사과를 삽니다. 그리고 배를 삽니다.
3) 나는 서점에 갔습니다. 그렇지만 책을 안 샀습니다.
4) 어제는 토요일이었습니다. 집에서 쉬었습니다.
5) 문수 씨는 빵과 우유를 먹습니다.
6) 어머니는 슈퍼에서 과일을 샀습니다. 그리고 음료수를 샀습니다.

8. 翻译下列句子。

1) 도서관에 갔습니다. 그리고 책을 빌렸습니다.
2) 나는 영화를 아주 좋아합니다. 자주 영화를 봅니다.
3) 점심과 저녁은 학교식당에서 먹습니다.
4) 어제는 주말이었습니다. 집에서 빨래를 했습니다. 그리고 집을 청소했습니다.
5) 오늘 친구가 왔습니다. 집에서 커피와 차를 마셨습니다.
6) 나는 운동을 좋아하지 않습니다. 같이 영화를 봅시다.
7) 어제 학교에 갔습니다. 그렇지만 교실에 사람이 없었습니다.

提高练习

1. 用肯定和否定两种形式回答下列问题。

1) 네, 운동을 좋아합니다.
아니오. 운동을 좋아하지 않습니다.
2) 네, 오늘은 토요일입니다.
아니오. 오늘은 토요일이 아닙니다.
3) 네, 아침에 우유를 마셨습니다.
아니오. 아침에 우유를 마시지 않았습니다.
4) 네, 친구하고 같이 여행갔습니다.
아니오, 친구하고 같이 여행 가지 않았습니다.
5) 네, 사전을 가지고 왔습니다.
아니오, 사전을 안 가지고 왔습니다.
6) 네, 선생님이 질문했습니다.
아니오, 선생님이 질문하지 않았습니다.

2. 仿照例句， 完成对话。

1) 친구와 선생님을 만납니다.
2) 베이징과 상하이를 여행합니다.
3) 선생과 학생이 있습니다.
4) 차와 커피를 좋아합니다.
5) 돈과 시간이 없습니다.

6) 도서관에서 소설과 잡지를 빌렸습니다.

3. 用“그렇지만”或“그리고”连接句子。

1) 많이 잤습니다. 그렇지만 피곤합니다.
2) 한국말이 어렵습니다. 그렇지만 재미있습니다.
3) 어제는 친구를 만났습니다. 그렇지만 오늘은 안 만납니다.
4) 동생은 학생입니다. 그리고 누나는 선생입니다.
5) 나는 커피를 마십니다. 그리고 친구는 차를 마십니다.
6) 왕동은 중국사람입니다. 그리고 마이클은 미국사람입니다.

4. 秀美的朋友周末都做了什么?（略）

5. 阅读并回答问题。

문장 1:

1) 친구를 만났습니다. 그리고 같이 영화를 보았습니다.
2) 친구와 같이 영화를 보았습니다. 영화가 아주 재미있었습니다. 그리고 저녁에 친구와 같이 식사를 했습니다.

문장 2:

1) 오전에 도서관에서 공부했습니다. 오후에는 동대문시장에 갔습니다.
2) 저는 바지를 샀습니다. 영미 씨는 시계를 샀습니다.

제 16 과 물건 사기

巩固练习

1. 选择适当的词填空。

1) ③ 얼마　　2) ② 여기
3) ② 병　　4) ① 권
5) ③ 장　　6) ① 마리
7) ④ 층

2. 仿照例句，完成对话。

1) 이것은 빵입니다.
2) 이 배는 300원입니다.
3) 거기가 교실입니다.
4) 거기가 우리 집입니다.
5) 그 책은 수미 씨의 책입니다.
6) 거기는 은행입니다.
7) 그 영화가 참 재미있습니다.
8) 그 사람은 우리 선생님입니다.
9) 그 책이 재미있습니다.
10) 그 사과 참 맛있습니다.

3. 仿照例句，完成对话。

1) 콜라와 차를 마시겠습니다.
2) 영민 씨와 호동 씨가 갔습니다.
3) 야채와 고기를 샀습니다.
4) 일본과 베트남에 여행 갔습니다.
5) 왕동 씨와 수미 씨가 있습니다.
6) 코끼리와 호랑이가 있습니다.

4. 在括号里写出数词的读音。

1)（ 이천오 ），（ 십일월 ），（ 이십일 ）
2)（ 다섯 ）　　3)（ 스물세 ）
4)（ 세 ）
5)（ 열두 ），（ 사십칠 ）
6)（ 백팔십이 ）　　7)（ 육십구 ）
8)（ 사천오백칠십사 ）

5. 在括号里填上适当的量词。

1)（ 분 ），（ 명 ）　　2)（ 마리 ）
3)（ 대 ）　　4)（ 잔 ）
5)（ 켤레 ）　　6)（ 층 ）
7)（ 권 ）　　8)（ 시간 ）
9)（ 장 ）　　10)（ 시간 ）

6. 仿照例句，完成句子。

1) 피아노를 4달 배웠습니다.
2) 도서관에서 책을 3권 빌렸습니다.
3) 문방구점에서 볼펜 2자루와 노트 4권 샀습니다.
4) 가게에서 바나나 2근과 귤 5근 샀습니다.
5) 나는 친구와 콜라 1병과 주스 2잔 마셨습니다.
6) 어제 교실에서 한국어를 2시간 공부했습니다.
7) 배가 너무 고픕니다. 밥 2그릇 먹었습니다.

7. 翻译下列句子。

1) 나는 누나와 식당에서 불고기와 비빔밥을 먹었습니다.
2) 저기는 어디입니까?
3) 저 사람은 선생님의 친구입니다.
4) 지금 12시 반입니까?
5) 우리는 다방에서 커피 1잔과 주스 2잔 마셨습니다.
6) 저기가 박물관입니까?
거기는 박물관이 아닙니다. 시청입니다.

提高练习

1. 仿照例句，改换句子。

1) 영수 씨가 이 사람입니까?
2) 공원이 저기입니까?
3) 연필이 이것입니까?
4) 김 선생님이 그 분입니까?
5) 식당이 어디입니까?

2. 根据实际情况回答下列问题。(略)
3. 阅读并回答问题。
   문장 1:
   1) 치마를 샀습니다.
   2) 저녁에는 생일 파티를 했습니다.
   문장 2:
   1) 시장에서 부모님 선물을 샀습니다. 그리고 같이 식당에서 냉면을 먹었습니다.
   2) 커피와 맥주를 마셨습니다. 그리고 이야기를 했습니다.
4. 根据下列情况进行对话练习。(略)

제 17 과 하루 일과

巩固练习

1. 选择适当的词填在空格处。
   1) ② 아침 2) ④ 열심히
   3) ③ 가르칩니다 4) ① 끝납니다
   5) ③ 보통 6) ① 예정
2. 选择适当的助词填在空格处。
   1) ③ 에 2) ① 부터
   3) ② 까지 4) ② 에게
   5) ③ 쉴 겁니다
3. 仿照例句，完成句子。
   1) 주말에 친구를 만날 겁니다. (만날 예정입니다)
   2) 저녁에 친구과 같이 영화를 볼 겁니다. (볼 예정입니다)
   3) 친구 생일에 시계를 선물할 겁니다. (선물할 예정입니다)
   4) 토요일에 미장원에서 머리를 자를 겁니다. (자를 예정입니다)
   5) 어머니, 언제 고향에 갈 겁니까? (갈 예정입니까)
4. 仿照例句， 完成对话。
   1) 점심에 한국요리를 먹을 겁니다.
   2) 이 선물을 어머니에게 줄 겁니다.
   3) 전공은 중국어를 배울 예정입니다.
   4) 주말에 쉴 겁니다.
   5) 이번 여행은 하와이에 갈 예정입니다.
5. 仿照例句， 完成对话。
   1) 방학은 12월 22일부터 2월 28일까지입니다.
   2) 한국에 9월부터 12월까지 3개월 동안 있을 겁니다.
   3) 한국어를 3월부터 9월까지 6달 공부했습니다.
   4) 밤 11시부터 아침 6시까지 잡니다.
   5) 한국의 겨울은 11월부터 다음 해 2월까지입니다.
6. 仿照例句，完成对话。
   1) 작년 8월에 중국에 왔습니다.
   2) 일요일에 집에서 쉬었습니다.
   3) 올해 10월에 한국에 갈 겁니다.
   4) 대학은 작년 7월에 졸업했습니다.
   5) 아침 7시 반에 학교에 갑니다.
7. 仿照例句，完成对话。
   1) 고양이에게 무엇을 줍니까?
   2) 고향 친구에게 편지를 씁니다.
   3) 이 꽃을 우리 선생님에게 줄 겁니다.
   4) 네, 아버지에게 자주 전화를 합니다.
   5) 생일에 동생에게 지갑을 줍니다.
8. 改错。
   1) 우리는 어제 영화를 보았습니다.
   2) 어제 오전에 백화점에 갔습니다.
   3) 선생님은 학생들에게 한국어를 가르칩니다.
   4) 언제 세민 씨와 결혼할 겁니까?
   5) 오늘은 시간이 없습니다. 내일 만납시다.
   6) 버스를 20분 기다렸습니다. 그렇지만 버스가 오지 않았습니다.
9. 翻译下列句子。
   1) 시험시간은 오전 9시부터 11시 반까지입니다.
   2) 토요일에 아버지에게 편지를 쓸 예정입니다.
   3) 선생님은 사무실에서 학생에게 전화를 합니다.
   4) 월요일부터 금요일까지 공부합니다. 그럼, 주말에 같이 등산갑시다.
   5) 사무실에 한 사람도 없습니다.

提高练习

1. 根据实际情况回答下列问题。(略)
2. 向朋友介绍秀美的作息表。(略)
3. 阅读并回答问题。
   문장 1:
   1) 샤워를 합니다.
   2) 점심은 친구와 같이 학교식당에서 먹습니다. 보통 비빔밥을 먹습니다.
   3) 저녁을 먹고 숙제를 합니다. 그리고 9시 반부터 10시 반까지 텔레비전을 봅니다.
   문장 2:
   1) 학교 근처 지하철역에서 친구 영민 씨를 만났습니다.
   2) 아니오, 영민 씨는 우산을 안 가져왔습니다.

3) 우리는 오늘 같이 외국어를 배웁니다. 그리고 같이 영화를 봅니다.

第一单元测试题

[听解部分]

1. 다음을 잘 듣고 빈칸을 채우십시오.
   1) ① 2) ③ 3) ③ 4) ② 5) ③
2. 다음을 잘 듣고 이어질 수 있는 말을 고르십시오.
   1) ④ 2) ③ 3) ① 4) ④ 5) ④
3. 다음을 잘 듣고 물음에 답하십시오. (10점)
   1) 나의 취미는 영화감상입니다.
   2) 나는 요즘 한국 영화를 봅니다. 한국영화는 재미 있고 한국 말도 배울 수 있습니다.

[语法·词汇·阅读部分]

4. 다음 (　　)에 알맞은 것을 고르십시오.
   1) ① 2) ③ 3) ② 4) ④ 5) ②
   6) ① 7) ④ 8) ② 9) ② 10) ①
5. 다음 (　　)에 알맞은 것을 고르십시오.
   1) ③ 2) ① 3) ④ 4) ① 5) ②
   6) ③ 7) ① 8) ① 9) ③ 10) ②
6. 다음 문장의 틀린 곳을 찾아 고치세요.
   1) 받습니다 → 줍니다
   2) 보았습니다 → 봅니다
   3) 냉장고에서 → 냉장고에
   4) 그리고 → 그렇지만
   5) 친구에 → 친구에게
7. 다음 문장을 번역하십시오.
   1) 북경대학에서 컴퓨터를 2년 배웠습니다.
   2) 한국어를 얼마 동안 배울 겁니까?
   3) 어제 회의에 나만 안 갔습니다.
   4) 몇 시부터 몇 시까지 일을 합니까?
   5) 어제 저녁에 집에 아무도 없었습니다.
   6) 이 역사책을 선생님에게 드리십시오.
   7) 학교에 갔습니다. 그렇지만 공부를 하지 않았습니다.
   8) 一楼有客厅厨房，2楼有卧室。
   9) 因为没有时间，跑到汽车站了。
   10) 打算和家里人一起去济州岛旅游。
8. 다음 글을 읽고 물음에 답하십시오. (5점)
   텍스트 1
   1) ③
   2) 친구들을 만나서 운동을 하고 가끔 기차를 타고 바다와 산에 여행도 갑니다.
   텍스트 2
   1) 제주도를 구경했습니다.
   2) 월요일 저녁에 집에 돌아왔습니다.

제 18 과 위치

巩固练习

1. 选择适当的词填在空格处。
   1) ①안 2) ①맞은편 3) ① 아래
   4) ③다 5) ②침실
2. 选择适当的助词填在空格处。
   1) ① 어요 2) ④ 거예요 3) ③ 의
   4) ④ 도 5) ③ 만
3. 仿照例句，完成句子。
   1) 계란은 냉장고 안에 있어요.
   2) 여자옷과 아동복은 2층에서 팔아요.
   3) 전화기 옆에 무엇이 있어요?
   4) 백화점에서 바지를 사요. 그리고 구두를 사요.
   5) 매일 아침에 공원에서 운동을 해요.
   6) 어제는 내 친구 생일이었어요.
4. 仿照例句，完成对话。
   1) 교실이 4층에 있어요.
   2) 도서관이 식당 옆에 있어요.
   3) 운동복은 5층에서 팔아요.
   4) 은행은 학교 정문 옆에 있어요.
   5) 저의 전공은 중국어예요.
   6) 선생님의 모자예요.
   7) 책상 안에 있어요.
5. 仿照例句，完成对话。
   1) 아니오. 서점만 있어요.
   2) 아니오. 야채만 팔아요.
   3) 도서관에도 갔어요?
   4) 아니오. 배구만 좋아해요.
   5) 아니오. 바지만 샀어요.
   6) 아니오. 전화만 해요.
   7) 가을도 좋아해요.
6. 改错。
   1) 우리는 내일 영화를 볼 거예요.
   2) 책상 위에 달력도 있어요.
   3) 탁자 위에 꽃병이 있어요.
   4) 우리 집에 고양이도 있어요.
   5) 친구는 도서관에서만 공부를 해요.
7. 翻译下列句子。
   1) 우리 학급에는 한국사람만 있어요.
   2) 오늘 오후에 저는 안경과 우산을 살 예정이에요.
   3) 윗층에 침실이 있어요. 화장실도 있어요.
   4) 이 시계는 형의 생일 선물이에요.
   5) 우리는 영어만 배워요. 일본어는 배우지 않아요.

提高练习
1. 仿照例句， 改换句子。
   1) 내일 뭘 할 예정이에요?
   2) 회사가 어디에 있어요?
   3) 음료수는 차를 마셔요.
   4) 지금 밖에 비가 와요.
   5) 우체국에서 편지를 부쳐요.
   6) 운동장에서 친구와 같이 테니스를 해요.
   7) 가족하고 같이 한국에 여행갔어요.
2. 根据实际情况回答下列问题。(略)
3. 阅读并回答问题。
   문장 1:
   1) 내 방에는 책상, 책장, 옷장, 침대가 있어요.
   2) 시계는 창문 옆에 있어요.
   3) 내 방은 아주 깨끗해요.
   문장 2:
   1) 식당은 3층에 있어요.
   2) 학생회관 4층에 우체국과 은행이 있어요.
   3) 수미 씨는 휴게실에서 책을 읽어요.
   문장 3:
   1) 캠퍼스 가운데 본관이 있어요.
   2) 우체국은 도서관 안에 있어요.

제 19 과 주문하기

巩固练习
1. 选择适当的词填在空格处。
   1) ③ 무슨 2) ② 특히
   3) ③ 햄버거 4) ① 너무
   5) ④ 커피
2. 仿照例句，完成句子。
   1) 나는 청바지를 입고 싶어요.
   2) 수미 씨는 무슨 음식을 먹을래요?
   3) 일요일에 친구와 같이 영화를 보겠어요.
   4) 날씨가 추워요. 그러면 옷을 많이 입으세요.
   5) 영민 씨는 무슨 색 바지를 살래요?
   6) 여름 방학에 같이 설악산에 여행갈래요?
3. 仿照例句，完成句子。
   1) 오늘 점심에는 한식을 먹을래요.
   2) 같이 거리에 갈래요?
   3) 나는 앞으로 회사원이 되고 싶어요.
   4) 제주도에 여행 가고 싶어요.
   5) 대학에서 경영학을 배우고 싶어요.
   6) 유덕화의 노래를 배우겠어요.
4. 仿照例句，完成句子。
   1) 아니오, 오후에 서점에 갈래요.
   2) 일요일에 같이 테니스 할래요?
   3) 네, 같이 등산갑시다.
   4) 아니오, 주말에 약속이 있어요.
   5) 아니오, 바로 집에 갈래요.
   6) 친구와 같이 영화 볼래요.
5. 仿照例句，完成句子。
   1) 그러면 다른 바지 사세요.
   2) 그러면 다른 식당에 갑시다.
   3) 시간이 없어요.
   4) 그러면 같이 운동장에서 테니스 합시다.
   5) 그러면 지하철을 탑시다.
6. 改错。
   1) 수미 씨는 설렁탕을 먹고 싶어해요.
   2) 나는 부모님과 베이징에서 살래요.
   3) 철수 씨, 내일은 무슨 요일입니까?
   4) 동생은 하얀색 치마를 사고 싶어해요.
   5) 도서관에 한국신문이 없어요. 그렇지만 한국 잡지는 있어요.
7. 翻译下列句子。
   1) 나는 검은색 바지를 사겠어요.
   2) 이번 일요일에 나와 같이 수영할래요?
   3) 불고기는 너무 비싸요. 설렁탕을 시킵시다.
   4) 뭘 마실래요? 저는 주스를 마실래요.
   5) 요즘 이 백화점의 물건 값이 너무 비싸요. 다른 백화점에서 삽시다.

提高练习
1. 阅读并回答问题。
   1) 마이클은 불고기와 비빔밥을 먹고 미연 씨는 잡채와 김밥을 먹었어요.
   2) 네, 이제는 매운 음식을 잘 먹어요.
2. 根据下列情况编对话。(略)

제 20 과 계절과 날씨

巩固练习
1. 选择适当的词填在空格处。
   1) ③ 어느 2) ② 만듭니다
   3) ② 써요 4) ② 추워요
   5) ③ 단풍
2. 完成下列表格中的“ㅂ”不规则音变。

동사	아/어/여요	았/었/였어요	아/어/여서
춥다	추워요	추웠어요	추워서
덥다	더워요	더웠어요	더워서
어렵다	어려워요	어려웠어요	어려워서
쉽다	쉬워요	쉬웠어요	쉬워서

뜨겁다	뜨거워요	뜨거웠어요	뜨거워서
차갑다	차가워요	차가웠어요	차가워서
가깝다	가까워요	가까웠어요	가까워서
맵다	매워요	매웠어요	매워서
가볍다	가벼워요	가벼웠어요	가벼워서
무겁다	무거워요	무거웠어요	무거워서
아름답다	아름다워요	아름다웠어요	아름다워서
곱다	고와요	고왔어요	고와서
돕다	도와요	도왔어요	도와서

3. 选择适当的助词填在空格处。
   1) ② 이　2) ③ 이　3) ② 는
   4) ① 러　5) ② 러
4. 仿照例句，完成对话。
   1) 설악산의 경치가 참 아름다워요.
   2) 이 김치 맛이 매워요.
   3) 아니오, 집이 학교에서 가까워요.
   4) 오늘 날씨가 너무 추워요.
   5) 이 음식이 너무 매워요.
5. 仿照例句，完成对话。
   1) 친구를 만나러 왔어요.
   2) 카드를 보내러 가요.
   3) 네, 책을 빌리러 가요.
   4) 뭘 사러 갔어요?
   5) 베이징에 회의 하러 갔어요.
5. 改错。
   1) 수미 씨, 어디가 아파요?
   2) 여기가 우리 학교입니다. 우리 학교가 참 아름다워요.
   3) 오후에 저하고 같이 공원에 놀러 갑시다.
   4) 그 친구가 나를 도왔어요.
   5) 아침을 안 먹었어요. 지금 배가 많이 고파요.
6. 翻译下列句子。
   1) 올해 겨울 날씨가 참 추워요.
   2) 가을에 사람들은 다 여행을 가요.
   3) 어제 나는 우체국에 편지 부치러 갔어요.
   4) 친구 생일에 나는 장미와 튤립을 샀어요.
   5) 저와 같이 도서관에 가지 않겠어요?

提高练习

1. 根据实际情况回答下列问题。(略)
2. 介绍下列城市的天气情况。

도시 이름	서울	베이징	런던	시드니	파리	도쿄
날씨	흐렸다가 맑다	비가 오다	흐리다	눈이 오다	맑았다가 흐리다	흐렸다가 비가 오다

3. 仿照例句，用“ㅂ”不规则音变完成句子。
   1) (도와 주세요.)
   2) (매워요.)
   3) (가까워요.)
   4) (고마웠어요.)
   5) (무거워요.)
4. 阅读并回答问题。
   문장 1:
   1) 제주도가 제일 덥고 강릉이 제일 춥습니다.
   2) 최고기온은 8도이고 최저기온은 영하 8도입니다.
   문장 2:
   1) 추운 날씨와 눈 때문에 밖에 나가지 않습니다.
   2) 아침에 집 근처에 있는 산에 올라갑니다. 그리고 학교 캠퍼스에서 천천히 걷습니다.

제 21 과　순서

巩固练习

1. 选择适当的词填在空格处。
   1) ④ 정말　2) ③ 식겠어요　3) ① 취직
   4) ① 꼭　5) ② 늘었어요
2. 仿照例句，完成对话。
   1) 청소를 하고 음악을 들어요.
   2) 우리 학교는 아름답고 아주 커요.
   3) 내 고향 여름 날씨는 덥고 비가 많이 와요.
   4) 이 일을 다 하고 집에 가겠어요.
   5) 저는 자기 전에 세수하고 이를 닦아요.
   6) 오전에는 공부를 하고 오후에는 수영을 해요.
3. 仿照例句，完成对话。
   1) 서울에 오기 전에 어디에서 살았어요?
   2) 저녁 식사하기 반 시간 전에 드세요.
   3) 이 회사에 들어오기 전에 집에서 놀았어요.
   4) 수업하기 전에 전화하세요.
   5) 학교에 가기 전에 병원에 가세요.

4. 仿照例句，完成对话。
   1) 아침에 일어난 후에 운동을 합니다.
   2) 방학 한 후에 고향에 돌아가겠어요.
   3) 대학 졸업한 후에 회사에 취직할 예정입니다.
   4) 좋아요. 수업이 끝난 후에 학교 정문 앞에서 기다리겠어요.
   5) 아니오. 유학 간 후에 소식을 못 받았어요.
5. 仿照例句，完成对话。
   1) 어제 아침에 갑자기 배가 아팠어요. 그래서 학교에 못 왔어요.
   2) 오늘 버스 안에서 지갑을 잃어버렸어요. 그래서 기분이 안 좋아요.
   3) 어제 너무 늦게 잤어요. 그래서 오늘 아침에 늦게 일어났어요.
   4) 아니오. 복습을 잘 못 했어요. 그래서 시험을 잘 못 봤어요.
   5) 여름에 수영을 많이 해요. 그래서 저는 여름이 좋아요.
6. 改错。
   1) 오늘은 날씨가 춥습니다. 그래서 옷을 많이 입었어요.
   2) 나는 식사를 한 다음에 좀 쉽니다.
   3) 어제 친구들과 같이 등산을 갔습니다. 그래서 기분이 좋았습니다.
   4) 오늘 아침에는 늦게 일어났어요. 그래서 택시를 탔어요.
   5) 명수 씨, 이번 주 토요일 오후에 같이 테니스합시다.
7. 翻译下列句子。
   1) 한국에 도착한 후에 인차 전화 하세요.
   2) 회사에 다니기 전에 무엇을 했어요?
   3) 그 산은 높지 않아요. 그래서 많은 사람이 등산하러 가요.
   4) 어제 비가 많이 왔어요. 그리고 바람도 컸어요.
   5) 방학한 후에 나와 같이 여행갈래요?

提高练习

1. 用“-기 전에”或“-(으) ㄴ 후에”回答下列问题。
   1) 밥 먹기 전 반 시간 또는 식후 반 시간에 먹습니다. 하루에 3번 먹습니다.
   2) 저녁에 자기 전에 따뜻한 우유를 한 잔 마십니다.
   3) 아침에 일어난 후에 하면 좋아요.
   4) 방학한 후에 외국어를 배울 겁니다.
   5) 편지를 부치기 전에 우표를 사서 붙여야 합니다.
2. 阅读并回答问题。
   1) 우리가 선희 씨 집에 도착했을 때 선희 씨는 남편과 우리를 기다리고 있었습니다.
   2) 우리가 준 예쁜 시계와 꽃을 받아서 기뻐했습니다.
   3) 우리는 선희 씨 집에서 선희 씨가 만든 음식을 먹고 사진도 보고 이야기도 했습니다.

제 22 과　가족 소개

巩固练习

1. 选择适当的词填在空格处。
   1) ④ 잡수십니다　　2) ② 계십니다
   3) ③ 성함　　4) ③ 다니셨
2. 选择适当的助词填在空格处。
   1) ③ 께서　　2) ① 께서는
   3) ② 께　　4) ③ 에게
3. 仿照例句， 完成句子。
   1) 사장님는 주말에도 아주 바쁘십니다.
   2) 형님은 은행에서 일하십니다.
   3) 지금 할머니께서는 방에서 주무십니다.
   4) 선생님께서 사무실에서 전화를 받으십니다.
   5) 부인께서는 무슨 일을 하십니까?
4. 把下列句子改写成敬语。
   1) 선생님, 댁이 어디에 있습니까?
   2) 아버지께서는 지금 방에서 신문을 보고 계십니다.
   3) 어느 분이 김 사장님이십니까?
   4) 장 사장의 부인은 선생이십니다.
   5) 할머니, 안녕히 주무십시오.
   6) 수미 씨 아버지의 생신은 언제입니까?
   7) 우리 할아버지께서는 올해 연세가 78세이십니다.
   8) 이 일을 어머님께 말씀드렸습니까?
5. 用敬语完成下列对话。
   1) 성함이 어떻게 되십니까?
   2) 아버지, 거실에서 신문을 보고 계세요.
   3) 어디가 편찮으세요?
   4) 선생님 댁은 어디에 있으세요.
   5) 철민 씨 아버지의 생신은 언제입니까?
6. 仿照例句， 完成对话。
   1) 영민 씨, 요즘 바쁘세요?
   2) 선배님, 안녕히 가세요.
   3) 이 분은 누구십니까?
   4) 왕동 씨는 보통 주말에 뭘 하세요?

5) 영진 씨는 언제 중국에 오셨어요?

7. 仿照例句，完成对话。
   1) 고향의 할머님께 보냅니다.
   2) 선생님께서는 주말에 시간이 있으세요?
   3) 부모님께 보통 전화를 드립니다.
   4) 형님께서는 어디에 계십니까?
   5) 어머님께 말씀 드립니다.
8. 改错。
   1) 제 이름은 김 민수입니다.
   2) 선생님께서 어디가 편찮으십니까?
   3) 영민 씨 아버지께서는 무슨 일을 하십니까?
   4) 할머니, 제가 읽어 드리겠습니다.
   5) 동생은 아버지께 선물을 드렸어요.
   6) 할아버지께서는 저에게 이야기를 해 주었어요.
   7) 형님, 많이 드십시오.
9. 翻译下列句子。
   1) 저의 부모님은 회사에 다니십니다.
   2) 아버지께서 할머님께 생일 선물을 드립니다.
   3) 선생님께서는 댁에서 쉬십니다.
   4) 이 문제는 선생님께 말씀드리겠어요.
   5) 어머니께서 저에게 옷 한 벌을 부쳐 주셨어요.

提高练习

1. 阅读并回答问题。
   문장 1:
   위 문장의 내용과 맞으면 ○, 틀리면 × 를 하십시오.
   ① (×)　② (×)
   ③ (○)　④ (×)
   문장 2:
   1) ② 76세
   2) 나는 남자입니다.
   3) 누나는 왼 쪽 끝에 있습니다.

제 23 과 약국

巩固练习

1. 选择适当的词填在空格处。
   1) ① 편찮으 2) ② 납니다 3) ④ 푹
   4) ② 당분간 5) ③ 늦게
2. 完成下列表格中的"一"音的脱落。

동사	아/어/여요	았/었/였어요	아/어/여서
아프다	아파요	아팠어요	아파서
기쁘다	기뻐요	기뻤어요	기뻐서
고프다	고파요	고팠어요	고파서
바쁘다	바빠요	바빴어요	바빠서
쓰다	써요	썼어요	써서
나쁘다	나빠요	나빴어요	나빠서
예쁘다	예뻐요	예뻤어요	예뻐서
슬프다	슬퍼요	슬펐어요	슬퍼서
크다	커요	컸어요	커서
잠그다	잠가요	잠갔어요	잠가서

3. 仿照例句，完成句子。
   1) 오늘 갑자기 비가 와서 날씨가 추워요.
   2) 오늘 장미꽃을 받아서 기분이 좋아요.
   3) 아침에 눈이 많이 와서 길이 막혔어요.
   4) 기침을 많이 해서 목이 아파요.
   5) 시간이 없어요. 빨리 가야 해요.
   6) 오늘 꼭 김 선생님을 만나야 해요.
4. 仿照例句，完成对话。
   1) 앞에 교통사고가 나서 길이 막혀요.
   2) 네, 할머님의 전화를 받아서 기분이 좋아요.
   3) 친구가 약속을 지키지 않아서 화났어요.
   4) 미안해요. 다른 약속이 있어서 이번에는 못 하겠어요.
   5) 눈경치가 아름다워서 겨울을 좋아해요.
   6) 갑자기 배가 아파서 왔어요.
5. 仿照例句，完成对话。
   1) 그럼, 지하철을 타야 합니다.
   2) 학교 근처의 한국식당에 가야 합니다.
   3) 한국어와 영어를 잘 해야 합니다.
   4) 그럼 병원에 가서 진찰을 받아야 합니다.
   5) 아니오 멀어요. 버스를 타야 합니다.
6. 仿照例句，完成对话。
   1) 그럼, 담배를 많이 피우지 마세요.
   2) 영화 보지 맙시다. 같이 공부합시다.
   3) 시간이 없어요. 버스 타지 말고 택시 탑시다.
   4) 등산 가지 말고 선생님 댁에 갑시다.
   5) 담배 피우지 마세요. 금연구역입니다.
7. 用连接词尾连接句子。
   1) 감기에 걸려서 머리가 아파요.
   2) 생일에 선물을 받아서 기뻐요.
   3) 배가 아파서 약을 먹어요.
   4) 아침에 일찍 일어난 후에 반 시간 운동을 해요.
   5) 집에 가기 전에 어머니에게 전화해요.
   6) 내일 시험이 있어서 공부해야 되요.
8. 翻译下列句子。
   1) 오늘 아버지의 전화를 받아서 참 기뻐요.

2) 갑자기 비가 와서 파티에 가지 못 했어요.
3) 학생입니다. 그래서 열심히 공부해야 돼요.
4) 오늘은 주말이어서 상점에 사람이 많아요.
5) 공부하지 말고 영화 보러 갑시다.
6) 택시를 타지 말고 버스를 탑시다.

提高练习

1. 根据实际情况用“-아야/어야/여야 하다”回答下列问题。(略)
2. 阅读并回答问题。
문장 1:
1) 요즘 유행하는 감기 증세는 콧물이 나고 기침도 심해요. 그리고 열도 나요.
2) 약은 하루에 세 번 먹어요.
3) 2일 분 약을 받았어요.
문장 2:
1) 날씨가 갑자기 춥습니다.
2) 수업이 끝나고 갔습니다. 그리고 일찍 집에 갔습니다.
3) 중국에 있을 규칙적으로 운동을 해서 건강했습니다.

제 24 과 차타기 교통

巩固练习

1. 选择适当的词填在空格处。
1) ③ 지하철 2) ② 멀어요
3) ③ 얼마나 4) ④ 정도
5) ② 우연히
2. 选择适当的助词填在空格处。
1) ③ 고 2) ② 에서, ④ 까지
3) ③ 부터 4) ② 로
5) ① 를 6) ③ 에서
3. 仿照例句，完成对话。
1) 버스로 갑시다. (타고 갑시다)
2) 저는 지하철을 타고 회사에 갑니다. (지하철로)
3) 배를 타고 갈 예정입니다. (배로)
4) 206번 버스를 타야 합니다. (버스로)
5) 비행기 타지 맙시다. 배로 갑시다. (배를 타고)
4. 仿照例句，完成对话。
1) 아니오. 종로에서 지하철을 갈아타세요.
2) 아니오. 버스를 한번 갈아타야 합니다.
3) 왕푸징에서 333번 버스를 갈아타세요.
4) 아니오. 지하철을 두 번 갈아탑니다.
5) 아니오. 잠실역에서 2호선을 갈아타야 합니다.
5. 仿照例句，完成对话。
1) 서울대학교까지 약 25분쯤 걸립니다.
2) 한 시간쯤 걸립니다.
3) 아니오. 멀어요. 버스로 40분쯤 걸립니다.
4) 네, 멀어요. 기차로 10시간쯤 걸려요.
5) 아니오. 걸어서 5분쯤 걸려요.
6. 仿照例句，完成对话。
1) 아니오. 집에서 회사까지 가까워요.
2) 그 친구 베트남에서 왔어요.
3) 아니오. 저는 광저우에서 왔어요.
4) 만나서 반갑습니다. 저는 홍콩에서 왔습니다.
5) 아니오. 저의 선생님은 캐나다에서 오셨어요.
7. 仿照例句，完成句子。
1) 집에 기차로 갑니다.
2) 버스를 타고 친구 집에 가요.
3) 동대문역에서 4호선을 갈아타요.
4) 집에서 회사까지 걸어서 15분 걸려요.
5) 서울에서 부산까지 기차를 타고 갔어요.
8. 翻译下列句子。
1) 저는 매일 버스로 학교에 갑니다.
2) 상하이에 가고 싶어요. 베이징에서 차를 갈아타야 합니까?
3) 기숙사에서 학교까지 걸어서 5분 걸려요.
4) 다음 역에서 지하철 1호선을 갈아타세요.
5) 저는 서울에서 비행기로 베이징에 왔어요.

提高练习

1. 阅读并回答问题。
1) 서울의 대중 교통에는 버스, 택시, 지하철이 있습니다.
2) 좌석버스는 변두리와 도심을 연결하고 마을버스는 작은 동네와 근처 지하철역 또는 큰 길을 연결합니다.
3) 택시는 모범 택시와 일반 택시가 있습니다. 모범 택시는 값이 비쌉니다. 그렇지만 서비스가 좋습니다.
2. 阅读并回答问题。
1) 눈이 오는 날에도 막히지 않아요. 제시간에 도착해서 사람들이 지하철을 많이 이용합니다.
2) 사람들은 지하철을 타는 동안 신문도 보고 책도 읽어요.

第二单元测试题

[听解部分]

1. 다음을 잘 듣고 맞으면 ○ 틀리면 ×를 하십시오.
1) × 2) ○ 3) × 4) × 5) ○

2. 다음을 잘 듣고 이어질 수 있는 말을 고르십시오.

1) ③ 2) ② 3) ① 4) ③ 5) ①

3. 다음을 잘 듣고 물음에 답하십시오. (10점)

텍스트

1) 아닙니다. 회사원입니다.
2) 산에 가서 운동을 하고 샤워를 합니다.
3) 샤워를 하고 텔레비전을 보다가 잠을 잡니다.

대화

1) 환자는 배가 아파서 병원에 왔습니다.
2) 환자는 오늘 새벽부터 아팠습니다.
3) 환자는 불고기 하고 냉면을 먹었습니다.

[语法・词汇・阅读部分]

4. 다음 ( )에 알맞은 것을 고르십시오.

1) ② 2) ③ 3) ① 4) ② 5) ①
6) ③ 7) ① 8) ① 9) ③ 10) ②

5. 다음 ( )에 알맞은 것을 고르십시오.

1) ③ 2) ④ 3) ② 4) ③ 5) ③
6) ③ 7) ① 8) ① 9) ② 10) ①

6. 다음 문장의 틀린 곳을 찾아 고치세요.

1) 지하철으로 → 지하철로
2) 추버서 → 추워서 3) 말 → 말씀
4) 아직 → 벌써 5) 오고 → 와서

7. 다음 문장을 번역하십시오.

1) 베이징은 아주 복잡합니다. 그렇지만 나는 베이징에 살고 싶습니다.
2) 지하철을 탈 겁니까? 그러면 같이 갑시다. 저도 지하철을 탑니다.
3) 어제 우체국에 소포를 찾으러 갔습니다.
4) 집에 도착하면 꼭 전화를 하세요.
5) 잊어버리기 전에 선생님께 빨리 알려 드립시다.
6) 오늘 몇 년 동안 못 본 친구를 만나서 아주 기뻤습니다.
7) 여기서 정류장까지 걸어서 가면 약 15분쯤 걸립니다.
8) 饿了，刚才去食堂吃饭了。
9) 哥哥早晨很早就上班，晚上很晚才下班。
10) 韩国人夏天喜欢吃参鸡汤和西瓜。

8. 다음 대화를 완성하십시오.

1) 그러면 내일 만나요.
2) 약 사러 병원에 가요.
3) 수영을 배우고 친구들을 만났어요.
4) 내일 시험이 있어서 공부해야 합니다.
5) 회사에 회의가 있어서 늦었습니다.

제 25 과 전화하기

巩固练习

1. 选择适当的词填在空格处。

1) ② 부탁 2) ④ 잘못
3) ② 아직 4) ③ 다시

2. 仿照例句，完成对话。

1) 이번 시험이 어렵지요?
2) 수미 씨, 김 선생님 한국사람이지요?
3) 왕동 씨의 전공은 한국역사이지요?
4) 거기 한국 여행사이지요?
5) 아동복은 3층에서 팔지요?
6) 여보세요. 거기 서울 대학교이지요?

3. 仿照例句，完成对话。

1) 영민 씨, 전화 좀 빌려 주십시오.
2) 좋아요. 무슨 노래를 가르쳐 드릴까요?
3) 서울극장이 어디에 있어요? 좀 알려 주시겠어요?
4) 속옷을 사 드리고 싶어요.
5) 그럼, 제가 좀 도와 드릴까요?

4. 仿照例句，完成对话。

1) 아니오. 저는 안 추운데요.
2) 아니오. 별로 멀지 않은데요.
3) 친구와 같이 해외 여행을 갈 예정인데요.
4) 이 식당 음식이 정말 맛있는데요.
5) 아니오. 아직 잘 못 하는데요.

5. 选择适当的接续副词填在空格处。

1) (그리고) 2) (그런데)
3) (그러면) 4) (그리고)
5) (그래서) 6) (그렇지만)
7) (그런데) 8) (그러면)
9) (그래서) 10) (그렇지만)

6. 翻译下列句子。

1) 한국 겨울 날씨는 아주 춥지요?
2) 어제 학교에서 한 시간 동안 기다렸어요. 그런데 친구는 오지 않았어요.
3) 미안합니다. 전화 잘못 걸었습니다.
4) 김 선생님의 전화번호 좀 알려 주시겠습니까?
5) 장 선생님 좀 바꿔 주시겠습니까?

提高练习

1. 阅读并回答问题。

1) 영남 씨가 제일 편합니다. 언제 어디서든지 마음대로 전화할 수 있다.
2) 영남 씨가 제일 많이 냅니다. 휴대폰 요금이 비싸다.
3) ④ 그래서

2. 根据实际情况回答下列问题。(略)
3. 根据下列情况编写对话。(略)

제 26 과 용모와 복장

巩固练习

1. 选择适当的词填在空格处。
   1) ② 어울릴　　2) ④ 매
   3) ③ 어떤　　4) ③ 꼈
   5) ③ 날씬해요
2. 选择适当的助词填在空格处。
   1) ② 고　　2) ① 보다
   3) ③ 그러면　　4) ② 어떤
   5) ③ 아름다운
3. 仿照例句，完成句子。
   1) 지금 전화하는 사람이 우리 형님입니다.
   2) 날씨가 더워요. 시원한 음료수를 마시겠어요.
   3) 어제 어머니는 예쁜 선물을 사 주었어요.
   4) 할머니는 분홍색 한복을 입었어요.
   5) 저는 흰 눈이 내리는 겨울을 좋아해요.
   6) 요즘 유행하는 옷을 사고 싶어요.
4. 仿照例句，完成对话。
   1) 저는 단풍이 아름다운 가을을 좋아해요.
   2) 예쁘고 편한 치마를 사고 싶어요.
   3) 저는 시원한 맥주를 마실래요.
   4) 저는 맵고 맛있는 한국음식을 좋아해요.
   5) 미국에 있는 친구가 보내온 인형을 받았어요.
   6) 성실하고 마음이 착한 사람을 좋아해요.
5. 仿照例句，完成对话。
   1) 저기 까만 안경을 끼고 있는 분 아세요?
   2) 하얀 스웨터를 입고 이야기하는 사람이에요.
   3) 영민 씨가 제일 좋아하는 영화 이름이 뭐예요?
   4) 성실하고 공부를 잘하는 학생을 좋아해요.
   5) 요즘 젊은이들이 많이 찾는 옷을 사고 싶어요.
6. 仿照例句，完成对话。
   1) 저는 한국요리보다 중국요리를 더 좋아해요.
   2) 네, 좀 추워요. 그런데 어제보다 안 추워요.
   3) 사과보다 바나나가 더 좋지 않아요?
   4) 네, 다른 백화점보다 값이 좀 싸요.
   5) 아니오. 작년보다 비가 많이 오지 않았어요.
7. 仿照例句，完成对话。
   1) 밖에서 동생하고 운동하고 있어요.
   2) 같이 거리에 갈 친구를 기다리고 있어요.
   3) 학교에서 영어를 가르치고 있어요.
   4) 방에서 재미있는 만화책을 보고 있어요.
   5) 빨간 넥타이를 매고 있는 분이에요.
8. 翻译下列句子。
   1) 날씨가 너무 더워요. 시원한 음료수를 마시고 싶어요.
   2) 이번 방학에 경치가 아름다운 설악산에 가고 싶어요.
   3) 아저씨는 지금 집에서 신문을 보고 있어요.
   4) 한복은 양복보다 편합니다.
   5) 빨간색이 남색보다 더 잘 어울려요.

提高练习

1. 用下面的词描述朋友的样子。(略)
2. 根据实际情况回答下列问题。(略)
3. 阅读并回答问题。
   1) 요즘 한국에서는 키가 크고 얼굴은 작고 눈이 크고 쌍꺼풀도 있는 사람입니다.
   2) 옛날에 한국사람은 통통하고 눈은 작고 마음이 아름다운 사람을 더 좋아했습니다.

제 27 과 취미

巩固练习

1. 选择适当的词填在空格处。
   1) ① 꾸준히　　2) ③ 조금씩
   3) ② 다시　　4) ② 직접
   5) ③ 고민
2. 完成下列表格中的“ㄷ”不规则音变。

동사	아/어/여요	았/었/였어요	아/어/여서
듣다	들어요	들었어요	들어서
묻다	물어요	물었어요	물어서
걷다	걸어요	걸었어요	걸어서
깨닫다	깨달아요	깨달았어요	깨달서
긷다	길어요	길었어요	길어서

3. 仿照例句，完成句子。
   1) 누나는 사진 찍는 것을 아주 좋아해요.
   2) 동생은 공부하는 것을 싫어해요.
   3) 시간이 있으면 언제 우리 집에 놀러 오세요.
   4) 내가 일이 있으면 친구가 도와 줍니다.
   5) 저는 시원한 주스나 커피를 마실래요.
   6) 주말에 저하고 같이 수영이나 등산 갑시다.
4. 仿照例句，完成对话。
   1) 주말에 집 청소하는 것이 제일 싫어요.
   2) 금방 사무실에서 전화하시는 것을 보았습니다.
   3) 저는 우표 수집하는 것을 좋아해요.
   4) 건강을 지키는 것이 제일 중요해요.

5) 아까 누구하고 싸우는 것을 보았어요.
6) 저는 직접 하는 것보다 보는 것을 더 좋아해요.

5. 仿照例句，完成对话。
1) 저는 눈이 오면 친구와 같이 사진 찍고 싶어요.
2) 오늘 일찍 퇴근하면 저녁에 같이 식사합시다.
3) 머리가 너무 아프고 힘도 없으면 내일 집에서 푹 쉬세요.
4) 길이 많이 막히면 천천히 오세요.
5) 몸이 약해서 자주 병에 걸리면 앞으로 운동을 많이 하세요.

6. 仿照例句，完成对话。
1) 몇 번 먹어 보았어요. 그런데 너무 느끼해요.
2) 한두 번 만나 보았어요. 그런데 잘 몰라요.
3) 나도 처음 와 보는 곳이에요.
4) 그러면 빨리 병원에 가 보세요.
5) 저도 잘 모르겠는데요. 전화 한번 해 보세요.

7. 仿照例句，完成对话。
1) 이번 주 토요일이나 일요일에 갑시다.
2) 버스나 택시를 타고 옵니다.
3) 집에서 신문이나 텔레비전을 봐요.
4) 하와이나 싱가폴에 가고 싶어요.
5) 지갑이나 넥타이를 선물하면 돼요.

8. 改错。
1) 제 취미는 여행하는 것이에요.
2) 물건을 많이 팔면 장려금을 줍니다.
3) 큰 도시에서 살 사람이 많아요.
4) 저녁에도 이 선생님의 수업을 들었습니다.
5) 내 친구는 운동하는 것을 싫어해요.

9. 翻译下列句子。
1) 저는 시간을 지키지 않는 사람을 싫어해요.
2) 일찍 자고 일찍 일어나는 것은 좋은 습관이에요.
3) 무슨 일이 있으면 언제든지 저에게 전화하세요.
4) 너무 매우면 다른 반찬으로 바꾸세요.
5) 너무 어려운 것은 아니예요. 한번 해 보세요.
6) 그 사람 정말 괜찮아요. 시간이 있으면 한번 만나 보세요.
7) 대학에서 영어나 중국어를 배우고 싶어요.
8) 졸업한 후에 한국 기업이나 학교에서 일하고 싶어요.

提高练习

1. 仿照例句，用“ㄷ”不规则音变完成下列句子。
1) (들으십시오)　　2) (물어 보세요)
3) (실은)　　4) (들은)
5) (실었어요)

2. 根据实际情况回答下列问题。(略)

3. 阅读并回答问题。
문장 1:
1) 나는 아름다운 경치, 재미있는 광경들을 찍습니다.
2) “잔디를 보호합시다”표지판을 보고 잔디밭에 들어가지 못 했어요.
문장 2:
1) 회사 생활을 하는 사람들, 시간이 없기 때문에.
2) 스트레스도 풀고 기분도 전환합니다. 주말에 취미생활을 하면 월요일에 일도 더 잘 할 수 있습니다.

제 28 과　길묻기

巩固练习

1. 选择适当的词填在空格处。
1) ② 조용히 ③ 참 ④ 많이
2) ④ 똑바로　　3) ① 내리
4) ③ 끊었　　5) ① 건너

2. 仿照例句，完成句子
1) 오른 쪽으로 들어가면 교실이 있습니다.
2) 동생은 공부하는 것을 싫어해요.
3) 언제 시간이 있으면 우리 집에 놀러 오세요.
4) 내가 일이 있으면 친구는 도와 줍니다.
5) 저는 시원한 주스나 커피를 마시겠어요.
6) 주말에 저와 수영이나 등산갑시다.

3. 仿照例句，完成对话。
1) 오후에 신세계 백화점으로 나오세요.
2) 저의 회사 근처 커피숍으로 나오세요.
3) 서울로 가는 기차 몇 시에 출발해요?
4) 손님, 왼쪽으로 계속 갈까요?
5) 본관 뒤로 가면 도서관이 있어요.
6) 서점에서 앞으로 5분쯤 가면 은행이 보입니다.

4. 仿照例句，完成对话。
1) 그래요. 요즘 계속 날씨가 좋았다가 나빴다가 해요.
2) 아니오. 운동을 하다가 말다가 했어요.
3) 그래요. 금년에는 물가가 자주 올랐다가 내렸다가 하는군요.

4) 아니오. 끊지 않았어요. 담배를 피우다가 말다가 해요.
5) 아니오. 4호선을 타고 가다가 잠실역에서 갈아타야 해요.

5. 仿照例句，完成对话。
1) 네, 아마집에 도착했을 거예요.
2) 오늘 날씨가 좋은데 내일도 날씨가 좋을 거예요.
3) 아마 남자 친구와 싸워서 그럴 거예요.
4) 우리 팀 실력이 더 높아요. 꼭 이길 거예요.
5) 이번 주말에 태진 씨는 집에 없을 거예요.

6. 仿照例句，完成对话。
1) 왕동 씨 가방이 아니라 수진 씨 가방이에요.
2) 이번 역은 동대문 역이 아니라 잠실 역이에요.
3) 저의 아버지 직업은 의사가 아니라 변호사예요.
4) 이번 비행기는 서울 행이 아니라 부산 행이에요.
5) 다음 수업은 한국지리가 아니라 한국역사이에요.

7. 翻译下列句子。
1) 이 기차는 북경으로 가는 기차입니까?
2) 101번 버스를 타고 가다가 시청역에서 내려서 100미터쯤 걸어가면 됩니다.
3) 이렇게 늦었는데 선생님이 사무실에 안 계실 거예요.
4) 이것은 맥주가 아니라 사이다예요.
5) 내일부터 휴가예요. 그러니까 출근하지 않고 집에서 쉽니다.
6) 앞으로 계속 가다가 사거리에서 오른쪽으로 도세요.

提高练习

1. 看图练习问路会话。(略)
2. 阅读并回答问题。

문장 1:
1) 약국은 서울대 입구 지하철역 3번 출구에 있습니다.
2) 우리 집은 슈퍼마켓 옆 길로 들어와서 왼쪽으로 네 번째 집입니다.

문장 2:
1) 톰은 오늘 부산에 사는 친구를 만나러 갑니다.
2) 서울역은 남대문에서 가깝습니다.

제 29 과 근황

巩固练习

1. 选择适当的词填在空格处。
1) ② 지냈　　2) ③ 우연히
3) ④ 두꺼운　　4) ③ 갑자기
5) ② 잘랐어　　6) ③ 빌려 줘요

2. 选择适当的助词填在空格处。
1) ③ 써서　　2) ③ 에게서
3) ② 게　　4) ② 려고
5) ③ 잘

3. 仿照例句，完成句子。
1) 동전이 없어서 버스를 못 탔어요.
2) 아직 선생님의 연락을 못 받았어요.
3) 이번 휴가에는 가족과 같이 제주도에 여행갈 거예요.
4) 갑자기 일이 생겨서 회식에 가지 못했어요.
5) 오후에 친구를 마중하러 공항에 가요.

4. 仿照例句，完成对话。
1) 문방구점에 가서 노트를 사려고 해요.
2) 빨리 병원에 가서 진찰을 받아 보세요.
3) 오래 간만에 집에서 요리를 해서 먹을까요?
4) 아니오. 친구들을 만나서 술도 마시고 영화도 보고 재미있게 지냈어요.
5) 아니오. 예쁘게 잘 포장해서 드릴거예요.

5. 仿照例句，完成对话。
1) 비도 오고 바람도 좀 크게 불어요.
2) 네, 연말이어서 요즘 좀 바쁘게 지내고 있어요.
3) 아니오, 주말에는 늦게 일어나요.
4) 친구도 만나고 여행도 가고 재미있게 지냈어요.
5) 아니오. 배운 시간이 길지 않아서 좀 쉽게 냈어요.

6. 仿照例句，完成对话。
1) 부모님과 같이 연극보려고 해요.
2) 은행에 가서 돈을 좀 찾으려고요.
3) 아니오. 한국에 가서 유학하려고 해요.
4) 아니오. 일이 많아서 회사에 가려고 해요.
5) 아니오. 집사람과 같이 가려고 해요.

7. 仿照例句，完成对话。
1) 아니오. 시간이 없어서 가지 못해요.
2) 미안해요. 오후에 중요한 회의가 있어서 못 해요.
3) 미안해요. 저도 잘 하지 못해요. 다른 친구한테 부탁하세요.
4) 내일도 아침 일찍 학교에 가야 해요. 그래서 같이 조깅하지 못 하겠어요.

5) 아니오. 아직 전화 못 받았는데요.

8. 仿照例句，完成对话。
   1) 아니에요, 어머니한테서 좀 배웠어요.
   2) 어제 졸업식에 선배한테서 받은 거예요.
   3) 선생님한테서 칭찬받았어요.
   4) 회사 업무가 많아서 고객들한테서 전화가 많이 와요.
   5) 아니에요. 동생한테서 빌린 거예요.
9. 改错。
   1) 영민 씨, 식당에 가서 점심을 먹읍시다.
   2) 철수 씨는 요즘 회사 일이 많아서 바쁘게 지냅니다.
   3) 어머니에게 전화를 걸려고 전화카드를 샀어요.
   4) 어제는 갑자기 머리가 아파서 집에서 쉬었어요.
   5) 우리 어머니는 음식을 맛있게 잘 만듭니다.
   6) 어제 한국 친구한테서 생일 선물을 받았어요.
   7) 약속 장소를 잘 못 기억해서 친구를 만나지 못했어요.
10. 翻译下列句子。
   1) 그저께 친구와 같이 도서관에 가서 소설책을 빌렸어요.
   2) 오늘 집에 일이 있어서 좀 일찍 돌아가려고 해요.
   3) 이것은 미국에 있는 친척한테서 받은 새해 선물이에요.
   4) 일요일에 손님이 와요. 방을 깨끗하게 청소하세요.
   5) 오후에 회사에 중요한 회의가 있어서 파티에 참가하지 못 해요.

提高练习

1. 用“고”或“아서/어서/여서”连接两个句子。
   1) 형은 신문을 보고 동생은 음악을 듣습니다.
   2) 손님은 의자에 앉아서 기다립니다.
   3) 왕룡 씨는 한국에 가서 한국어를 배웁니다.
   4) 나는 매일 세수를 하고 잡니다.
   5) 아버지에게 편지를 써서 부칩니다.
   6) 여름은 덥고 겨울은 춥습니다.
   7) 사람들은 줄을 서서 표를 삽니다.
   8) 나는 고양이를 좋아하고 동생은 개를 좋아합니다.
   9) 지하철에 앉아서 신문을 보는 사람이 많습니다.
2. 用“-지 않아서”或“-지 못해서”连接两个句子。
   1) 올해 여름에는 비가 오지 않아서 걱정입니다.
   2) 요즘 잘 쉬지 못해서 많이 피곤합니다.
   3) 외국사람은 한자를 읽지 못해서 신문을 보지 못합니다.
   4) 중국어를 하지 못해서 많이 고생했습니다.
   5) 시험이 어렵지 않아서 좋은 성적을 받았습니다.
   6) 길이 복잡하지 않아서 친구집을 쉽게 찾았습니다.
   7) 기차표를 사지 못해서 버스로 고향에 갑니다.
   8) 물건이 좋지 않아서 사는 사람이 적습니다.
3. 阅读并回答问题。

   문장 1:
   1) 산에 오르니 기분이 참 좋았어요.
   2) 우리는 점심에 햄버거, 김밥, 김치를 먹었어요.
   3) 우리는 산에서 노래도 하고 춤도 추고 이야기도 했습니다.

   문장 2:
   1) 우리는 해변에 있는 호텔에 묵었습니다.
   2) 제주도는 한국의 남쪽에 있는 섬입니다. 서울에서 비행기로 40분쯤 걸립니다.
   3) 우리는 폭포, 동굴, 한라산, 박물관, 민속촌 등 많은 곳을 구경했습니다.

제 30 과 우체국

巩固练习

1. 选择适当的词填在空格处。
   1) ③ 더　　2) ④ 별로
   3) ① 부치　　4) ② 팔려요
   5) ① 섭섭했
2. 完成下列表格中的“ㄹ”不规则音变。

동사	십시오	ㅂ니다	는
걸다	거십시오	겁니다	거는
빨다	빠십시오	빱니다	빠는
밀다	미십시오	밉니다	미는
벌다	버십시오	법니다	버는
살다	사십시오	삽니다	사는
쓸다	쓰십시오	씁니다	쓰는
졸다	조십시오	좁니다	조는
덜다	더십시오	덥니다	더는
풀다	푸십시오	풉니다	푸는
빌다	비십시오	빕니다	비는
팔다	파십시오	팝니다	파는
만들다	만드십시오	만듭니다	만드는
열다	여십시오	엽니다	여는

3. 仿照例句，完成句子。

1) 친구와 같이 아주 재미있는 주말을 보냈습니다.
2) 열심히 일해서 돈을 많이 법니다.
3) 졸업해서 한국회사에 취직할 생각입니다.
4) 영국에 편지를 보내는 데 돈이 얼마나 듭니까?
5) 한국 인구의 1/4 차지하는 사람이 서울에 삽니다.

4. 仿照例句，完成对话。

1) 부산에 가려면 기차나 버스를 타십시오.
2) 중국어를 잘 배우려면 중국에 유학가세요.
3) 친구를 많이 사귀려면 학교 행사에 많이 참가하세요.
4) 다이어트를 하려면 운동을 많이 하고 기름이 많은 음식을 적게 드세요.
5) 비행기표를 사려면 여행사나 항공사에 가십시오.

5. 仿照例句，完成对话。

1) 네, 한국에서 공부하는 데에 돈이 많이 들어요. 1년에 1000만 원쯤 들어요.
2) 서울까지 가는 데 교통비 3만 원쯤 들 거예요.
3) 네, 중국요리 한 끼 먹는 데 10만 원쯤 들어요.
4) 한국에 국제 전화하는 데 한 시간에 중국돈 150원쯤 들어요.
5) 피아노를 배우는 데 한 달에 500원쯤 들어요.

6. 改错。

1) 김 선생님은 오늘 빨간 넥타이를 매셨어요.
2) 지난 주에 배운 단어를 잊어버렸어요.
3) 이 시간에는 차가 많이 막힙니다. 빨리 가려면 택시를 타십시오.
4) 시장에는 물건을 파는 사람과 사는 사람이 많습니다.
5) 나는 서울에서 살고 부모님은 부산에서 삽니다.

7. 翻译下列句子。

1) 지난 번 우리 같이 본 영화 이름이 뭐예요?
2) 한국에 유학가려면 지금부터 서류를 준비해야 돼요.
3) 이 곳에 처음 와요. 그래서 아는 사람이 없어요.
4) 유럽에 여행하는 데 돈이 얼마나 들어요?
5) 출국하려면 많은 수속을 해야 합니다.

提高练习

1. 用动词定语形连接句子。

1) 그 영화를 보고 운 사람이 많습니다.
2) 지금 전화를 하고 있는 분이 우리 선생님이에요.
3) 시내에서 고향 친구를 만나는 약속이 있어요.
4) 그 식당에서 먹은 음식이 참 맛있어요.
5) 김치를 좋아하는 외국사람이 많아요?
6) 내일 아침에 입을 옷이 없어요.
7) 그 여자는 언제나 웃는 얼굴입니다.
8) 태권도를 배울 학생이 몇 명입니까?
9) 어제 만난 그 사람의 이름을 잊어버렸어요.
10) 어제 길에서 들은 그 노래가 듣고 싶어요.

2. 仿照例句，用“ㄹ”不规则音变完成下列句子。

1) (삽니다)　　2) (미는)
3) (푸십시오)　　4) (아는)
5) (여십시오)　　6) (놉니다)
7) (만드는)　　8) (조는)
9) (쓰십시오)

3. 根据下列情况编写对话。(略)

4. 阅读并回答问题。

1) 윗글의 내용과 같으면 ○, 다르면 ×를 하십시오.
①（ × ）　　②（ × ）
③（ ○ ）　　④（ × ）
2) 12월에는 사람들이 편지나 소포를 많이 보내기 때문에 우체국이 아주 바쁩니다. 특히 크리스마스 카드와 선물이 많습니다.
3) 영호 씨는 첫 월급을 받아서 부모님께 속옷을 사 드렸습니다. 한국사람들은 첫 월급으로 부모님께 속옷을 사 드립니다.

第三单元测试题

[听解部分]

1. 다음을 잘 듣고 이어질 수 있는 말을 고르십시오.

1) ②　2) ②　3) ①　4) ③　5) ③

2. 다음을 잘 듣고 맞으면 ○ 틀리면 × 를 하십시오.

1) ×　2) ○　3) ×　4) ×　5) ×

3. 다음을 잘 듣고 물음에 답하십시오.

텍스트 1

1) 부산에는 기차를 타고 제주도는 배를 타고 갔습니다.
2) 산보다 바다를 좋아하기 때문에 날마다 바닷가에 갑니다.
3) 진수 씨와 9월에 학교에서 만납니다.

텍스트 2

1) 용진 씨는 기침을 하고 어제 아침부터는 목도 아프고 머리도 아팠습니다.

2) “선생님, 죄송합니다. 감기에 걸려서 학교에 못 가겠습니다” 하고 전화를 했습니다.

[语法·词汇·阅读部分]

4. 다음 (　　)에 알맞은 것을 고르십시오.

1) ③　2) ①　3) ①　4) ③
5) ②　6) ④　7) ②　8) ③
9) ②　10) ②

5. 다음 (　　)에 알맞은 것을 고르십시오.

1) ③　2) ②　3) ①　4) ②
5) ③　6) ③　7) ③　8) ③
9) ②　10) ①

6. 다음 문장의 틀린 곳을 찾아 고치세요.

1) 달시면 → 다시면
2) 않으면 → 않으려면
3) 피곤하면 → 피곤해서
4) 재미있이 → 재미있게
5) 사려면 → 사려고

7. 다음 문장을 번역하십시오.

1) 한국에서 여행 한번 하는데 돈이 얼마나 듭니까?
2) 늦지 않으려면 지금 출발해야 합니다.
3) 갑자기 일이 생겨서 내일 제주도에 여행갈 수 없습니다.
4) 회사에 일이 많습니다. 그래서 요즘 아주 바쁩니다.
5) 그 예쁜 목도리는 친구한테서 받은 선물입니다.
6) 똑바로 가다가 육교가 나오면 왼쪽으로 돌면 됩니다.
7) 오늘 집에 일이 있는데 내일 만나는 게 어떻습니까?
8) 顾客的身材很苗条，所以短裙比较合适。
9) 一周前搬家了，请把新的电话号告诉我。
10) 因为中午在外面踢球了，所以上课时，打磕睡的学生很多。

8. 다음 글을 읽고 물음에 답하십시오.

1) ㄱ　2) ㄷ　3) ㄹ

능력시험 1 (能力测试 1)

1. ①　2. ③　3. ②
4. ②　5. ④　6. ③
7. ①　8. ③　9. ②
10. ③　11. ③　12. ③
13. ①　14. ④　15. ②
16. ①　17. ④　18. ③
19. ①　20. ②
21. 따뜻했는데　22. 탔습니다
23. ④　24. ③　25. ①
26. ①　27. ①　28. ③
29. ①　30. ④
31. 만들어요　32. 도와주세요
33. ③　34. ④　35. ④
36. ②　37. ③　38. ③
39. ④　40. ②　41. ③
42. ②　43. ③　44. ③
45. ④
46. 나는 저녁을 먹은 다음에 커피를 마셨습니다.
47. 어제 아파서 학교에 못 갔습니다.
48. ①　49. ②　50. ④
51. ②　52. ③　53. ①
54. ①　55. ②　56. ①
57. ④　58. ③　59. ④
60. ②　61. ③　62. ②
63. ③　64. ④　65. ④
66. ③　67. ①　68. ②
69. ①　70. ②　71. ④
72. ①　73. ①　74. ②
75. ④　76. ③　77. ②
78. ④　79. ②　80. ③
81. 지하철　82. ④

능력시험 2 (能力测试 2)

1. ②　2. ①　3. ③
4. ②　5. ③　6. ④
7. ②　8. ①　9. ③
10. ④　11. ①　12. ④
13. ①　14. 만났어요　15. 안 갑니다
16. ③　17. ②　18. ④
19. ①　20. ②　21. ④
22. ②　23. ③　24. ③
25. ②　26. ①　27. ④
28. ③　29. ③　30. ①
31. ④　32. ③　33. ①
34. ②　35. ①　36. ②
37. ①　38. ③　39. ②
40. ④　41. ③　42. ③
43. ②　44. ①　45. ①
46. ②　47. ②　48. ③
49. ③　50. ③　51. ②
52. ④　53. ①　54. 책을 읽고
55. 영화를 보러　56. 오늘 바빠서
57. ①　58. ④　59. ③
60. ④　61. ④　62. ④
63. ②　64. ③　65. ①
66. ②　67. ②　68. ④
69. ③　70. ①　71. ①
72. ④　73. ①　74. 화장품
75. ③　76. ①　77. ④
78. ④　79. ④　80. ②
81. ④　82. ②　83. 겨울
84. ③　85. 꽃, 나무, 어린이

86. ③ 87. ③
88. 돌, 바람, 여자가 많기 때문입니다.

듣기녹음 (听力录音)

第一单元测试题

[听解部分]
1. 다음을 잘 듣고 빈칸을 채우십시오.
 1) 나와 친구는 운동장에서 테니스를 칩니다.
 2) 어제는 텔레비전을 보고 음악도 들었습니다.
 3) 아버지는 오빠와 같이 오늘 시청에 갔습니다.
 4) 내 방은 거실 옆에 있습니다.
 5) 지금은 오전 10시 10분 입니다.
2. 다음을 잘 듣고 이어질 수 있는 말을 고르십시오.
 1) 수미 씨는 무슨 운동을 좋아합니까?
 2) 교실이 식당 옆에 있습니까?
 3) 아저씨, 돈 여기 있습니다.
 4) 내일은 무슨 요일입니까?
 5) 어제 오전에 뭘 했어요?
3. 다음을 잘 듣고 물음에 답하십시오.
 텍스트1
 저는 영화를 좋아합니다. 그래서 영화관에 자주 갑니다. 전에는 외국 영화를 많이 봤습니다. 그렇지만 요즘은 한국 영화를 많이 봅니다. 한국 영화는 재미 있습니다. 그리고 한국말도 배울 수 있습니다.
 텍스트2
 토요일에 제주도에 갔습니다. 먼저 제주 시내를 구경했습니다. 그리고 한라산에 갔습니다. 한라산에는 사람이 많았습니다. 일요일에는 바닷가를 구경했습니다. 바닷가에서 저녁을 먹고 집에 왔습니다.

第二单元测试题

[听解部分]
1. 다음을 잘 듣고 맞으면 ○ 틀리면 × 를 하십시오.
 1) 남: 영미 씨는 토요일에 학교에 갔어요?
  여: 아니오, 안 갔어요.
  남: 그럼 뭐 했어요?
  여: 집에서 청소하고 책을 보았어요.
 2) 여: 철민 씨는 중국에 언제 왔어요?
  남: 작년 8월에 왔어요.
  여: 그 동안 뭐 했어요?
  남: 베이징대학에서 중국어를 배웠어요.
 3) 여: 민수 씨, 친구 생일 선물 샀어요?
  남: 아니오, 아직 안 샀어요.
  여: 뭘 사요?
  남: 지갑을 사고 싶어요..
 4) 남: 연아 씨 결혼식이 언제예요?
  여: 6월 10일입니다.
  남: 수진 씨도 가면 같이 갑시다.
  여: 좋아요. 그럼 그 날 11시에 동대문 지하철 역에서 만나요.
 5) 저는 어두운 색을 좋아하지 않고 밝은 색을 좋아합니다. 그래서 검은색이나 남색은 좋아하지 않습니다. 노란색이나 핑크색을 좋아합니다.
2. 다음을 잘 듣고 이어질 수 있는 말을 고르십시오.
 1) 영수 씨는 어떤 사람을 좋아하세요?
 2) 부인께서는 무슨 일을 하십니까?
 3) 어서 오십시오. 어디가 편찮으십니까?
 4) 왕단 씨는 중국에 돌아간 후에 무엇을 할 겁니까?
 5) 영민 씨는 왜 커피를 안 마셔요?
3. 다음을 잘 듣고 물음에 답하십시오. (10점)
 텍스트1
 영민 씨는 매일 일찍 일어납니다. 아침을 먹기 전에 산에 가서 운동을 하고 샤워를 합니다. 그리고 아침을 먹고 신문을 봅니다. 8시쯤에 회사에 갑니다. 열심히 일을 하고 저녁 6시에 집에 돌아옵니다. 집에 와서 외국어를 배우러 학원에 갑니다. 그리고 저녁 10시쯤에 집에 옵니다. 집에서 샤워를 하고 텔레비전을 보다가 12시에 잠을 잡니다.
 대화
 의사: 어서 오십시오. 어떻게 오셨습니까?
 환자: 배가 많이 아파서 왔습니다.
 의사: 언제부터 아팠습니까?
 환자: 오늘 새벽부터 아팠습니다. 여러번 토했습니다.
 의사: 어제 무슨 음식을 드셨습니까?
 환자: 불고기하고 냉면을 먹었습니다.
 의사: 알겠습니다. 이 약을 식사하고 30분 후에 드십시오.

第三单元测试题

[听解部分]
1. 다음을 잘 듣고 이어질 수 있는 말을 고르십시오.
 1) 가: 아이들 옷은 몇 층에 있어요?
  나: 4층으로 가세요.
  가: 거기에 여자옷도 있어요?
 2) 가: 손님 뭘 드시겠습니까?
  나: 이 식당에는 무슨 음식이 맛있어요?
 3) 가: 수미 씨는 어느 계절을 좋아해요?
  나: 나는 눈이 오는 겨울이 좋아요.
 4) 가: 거기 김 선생님 집이지요?
  나: 네, 그렇습니다.
  가: 선생님 지금 댁에 계십니까?
 5) 가: 영민 씨, 안녕하세요.

나: 오래간만입니다. 그 동안 어떻게 지냈습니까?

2. 다음을 잘 듣고 맞으면 ○ 틀리면 × 를 하십시오.

텍스트

오늘은 일요일입니다. 나와 동생은 점심을 먹은 후에 서점에 갔습니다. 서점에는 새 책이 많이 나왔습니다. 나는 한국어 책을 사고 동생은 영어 책을 샀습니다. 서점에서 나온 후에 우리는 시장에 갔습니다. 시장에는 사람이 많았는데 우리는 여기저기를 구경했습니다. 우리는 문방구 가게에서 여러가지 문구도 샀습니다.

3. 다음을 잘 듣고 물음에 답하십시오. (10점)

텍스트1

진수 씨, 그 동안 잘 지냈어요? 저는 지금 혼자 한국에서 여행하고 있어요. 어제 서울에서 기차를 타고 부산으로 왔어요. 여기에서 3일쯤 있다가 배를 타고 제주도에 가려고 합니다. 서울에는 다음 주에 돌아갈 거예요. 저는 산보다 바다를 좋아해요. 그래서 날마다 바닷가에 있는 것이 정말 좋아요. 9월에 학교에서 만나요. 여름 방학 동안 잘 지내요.

텍스트2

용진 씨는 며칠 전부터 기침을 했습니다. 그런데 어제 아침부터 목도 아프고 머리도 아팠습니다. 그래서 용진 씨는 아침에 선생님께 전화를 했습니다. "선생님, 죄송합니다. 감기에 걸려서 학교에 못 가겠습니다." 선생님께 전화를 한 후에 용진 씨는 약을 사러 약국에 갔습니다.

보충단어색인 (补充单词索引)

소설	(名)	小说	14课
소식	(名)	消息	21课
소포	(名)	包	14课
속	(名)	里，里面	27课
속옷	(名)	内衣	30课
손가락	(名)	手指	27课
쇼핑(을)하다	(词组)	购物	15课
수업	(名)	上课	17课
수영장	(名)	游泳馆	14课
수영하다	(他)	游泳	14课
수위실	(名)	门卫室	18课
숙제	(名)	作业	17课
쉬다	(自)	休息	15课
슈퍼	(名)	超级市场	15课
스트레스	(名)	压力，压抑	27课
슬프다	(形)	悲伤	23课
시계	(名)	表，手表	15课
시외 전화	(名)	长途电话	25课
시청	(名)	市政府	16课
시키다	(他)	点（菜）	16课
식구	(名)	家口	16课
식사	(名)	吃饭	14课
식욕	(名)	食欲	23课
식후	(名)	饭后	23课
싣다	(他)	装载，装	27课
싸다	(形)	便宜	14课
쌍꺼풀	(名)	双眼皮	26课
쓰다	(他)	打(伞)，用，写	17课
쓸다	(他)	扫	30课

[ㅇ]

아르바이트	(名)	勤工俭学	30课
아이스크림	(名)	冰淇淋	19课
아주머니	(名)	大嫂	14课
아침	(名)	早晨	20课
야채	(名)	蔬菜	18课
약간	(副)	一些，若干	26课
약방	(名)	药房	14课
약속	(名)	约定	17课
어느	(代)	哪个	13课
어디	(代)	哪里	14课
언제나	(副)	一直，总是	27课
얼마	(名)	多少	17课
여름	(名)	夏天	17课
역	(名)	站	17课
연락하다	(他)	联络，联系	17课
연필	(名)	铅笔	16课
열다	(他)	开	18课
영국	(名)	英国	13课
영어	(名)	英语	15课
영화표	(名)	电影票	25课
예약	(名)	预约	25课
옛날	(名)	从前，古时候	26课
오렌지	(名)	橙子	19课
오징어	(名)	鱿鱼	19课
올라가다	(自)	上去	20课
옷장	(名)	衣柜	18课
옷차림	(名)	打扮，装束	26课
와이셔츠	(名)	衬衫	16课
요금	(名)	费用	25课
요리하다	(他)	做菜，料理	15课
요즘	(名)	最近，近来	23课
우산	(名)	雨伞	17课
우유	(名)	牛奶	15课
우편	(名)	邮件	30课
운동	(名)	运动	20课
운동복	(名)	运动服	18课
운동장	(名)	运动场	14课
웃다	(自)	笑	14课
월급	(名)	工资	30课
유명하다	(形)	有名	16课
유학생	(名)	留学生	13课
유행하다	(自)	流行	23课
은행	(名)	银行	14课
음료수	(名)	饮料	15课
음식	(名)	食物	14课
음악	(名)	音乐	22课
의사	(名)	大夫	22课
이용하다	(他)	利用，使用	24课
이틀	(名)	两天	23课
인구	(名)	入口	16课
인삼	(名)	人参	16课
인터넷 전화	(名)	网络电话	25课
일본	(名)	日本	13课
일요일	(名)	星期	15课
입구	(名)	入口	28课

[ㅈ]

자가용	(名)	私家车	24课
자다	(自)	睡觉	14课
자동차	(名)	汽车	24课
자루	(量)	只	16课
자장면	(名)	炸酱面	14课
잔	(名)	杯，酒杯	19课
잔디밭	(名)	草坪	27课
잠	(名)	觉(睡)	17课
잠그다	(他)	锁	23课
잠깐	(副)	一会儿	27课
잡지	(名)	杂志	15课
잡채	(名)	炒杂菜	19课
장소	(名)	场所，地方	28课
장소	(名)	场所	15课

문법색인 (语法索引)